日本語
ライブラリー

語と語彙

沖森卓也
[編著]

木村　一
鈴木功眞
吉田光浩
[著]

朝倉書店

執筆者一覧

†沖森卓也（おきもりたくや）	立教大学文学部・教授	（1章）
木村　一（きむらはじめ）	東洋大学文学部・准教授	（4章）
鈴木功眞（すずきのりまさ）	日本大学文理学部・准教授	（2章）
吉田光浩（よしだみつひろ）	大妻女子大学文学部・教授	（3章）

†は編著者　　　　　　　　　　　　　　　　　（五十音順）

はじめに

　語は言語を運用する上での最小単位であり，文を構成する基本的要素です．ある語は他の語とどのように区別され，特徴づけられているのか，その語はどのように形成され，また変化して，今日に至っているのかなど，日本語という言語体系を知る上で，語および語彙の研究は不可欠のものです．語はそれぞれが互いに姿・形とともに意味を異にしています．もちろん，同形語・同義語も認められないわけではありませんが，語はそれぞれに特有の語義・ニュアンス・語感・語法によって，脳裏に浮かぶ物事や感情・感覚などを描写してきました．その意味で，日本語として今日まで受け継がれてきた一つ一つの語には，日本人の歴史・文化・思想が刻み付けられており，その総体は日本人の精神性を浮き彫りにしているとも言えます．

　そこで，語や語彙に関する基礎的な事項について広く深く学べるように本書を編集しました．幅広くテーマを設定して，わかりやすく記述するとともに，その記述内容をよりよく理解できるように，図や表をできるだけ多く掲載しました．また，日本語の語彙に主体的に取り組めるように，「演習」と名付けた課題を設けました．これは，入門用の初歩的な「基本課題」と，やや専門に踏み込んだ「発展課題」とから成っています．基本課題について，まずは自身の解答を引き出してください．そして，是非とも発展課題にも挑戦してみてください．日本語に対する関心や愛着がこれまで以上に涌いてくるに違いありません．

　本書を繙くことによって，日本語の語彙の成り立ち・構造・歴史・諸相を学び，現代日本社会における言語の役割について理解を深めるとともに，語彙を通して日本語を相対化することによって，国際社会における日本や日本人のあり方について思い描くきっかけとなることを願ってやみません．

　2012 年 4 月

沖森卓也

目　　次

第1章　語の構造と分類 …………………………………………………… *1*

1.1　語の単位 ………………………………………………………………… 1
語と語彙　1／語の単位　3／成句と慣用句　7

1.2　語の形態 ………………………………………………………………… 9
語形と発音　9／語とアクセント　14

1.3　語と意味 ………………………………………………………………… 16
意味の世界　16／ことばの意味　19／意味関係　20

1.4　語の出自 ………………………………………………………………… 25
語種　25／和語　26／漢語　27／外来語　29／現代語の語種　30

1.5　語の構成 ………………………………………………………………… 31
語構成　31／名詞の語構成　31／熟語の構成　32／用語の語構成　34

1.6　語の働き ………………………………………………………………… 36
語と品詞　36／語の品詞性　37／用言の対応関係　38

第2章　さまざまな語彙 …………………………………………………… *41*

2.1　語彙・語彙量 …………………………………………………………… 41
辞書における語彙量　41／使用語彙と理解語彙　42／理解語彙の発達　42／基本語彙　43／高頻度語と低頻度語　43／カバー率　44／品詞の分布　46

2.2　語彙の意味分類 ………………………………………………………… 47
意味体系Ⅰ：星図になぞらえる　47／意味体系Ⅱ：連想関係　48／意味分類Ⅰ：シソーラス　50／意味分類Ⅱ：分類語彙表　51／意味分類Ⅲ：日本語大シソーラス　53／意味分類Ⅳ：類語大辞典　53／語彙の意味的把握のための分類表　54

2.3　数量詞と名数 …………………………………………………………… 55
数詞　55／助数詞　56／数量詞　56／名数　57

2.4　代名詞・指示詞 ………………………………………………………… 58
代名詞　58／指示詞　58／指示詞の体系　58／指示詞の歴史　59／人称代名詞　59／人称代名詞と待遇意識　59

2.5　親族名称と親族呼称 …………………………………………………… 61
親族語彙と親族呼称　61／親族語彙　62／親族呼称　63／一般社会での呼称　63／親族呼称の虚構的用法　64

2.6　色彩語彙 ………………………………………………………………… 64
色彩語の進化　64／古代日本語の色彩語彙　65／文化に応じた色彩語　66／外来語の色彩語彙　66／現代語の色彩語彙　67

2.7　感覚語彙・感情語彙 …………………………………………………… 68
感覚語彙と感情語彙　68／快・不快の比率　68／感覚語彙の不変性　70／感情

　　　　　　語彙の変化　71／感情語の品詞　71／温度感覚の語彙　72

2.8　身体語彙 ･･ 73
　　　　　　身体部分を表す語彙　73／身体語彙の史的変遷　74／「顔」の語の史的変遷　75／「指」の語の史的変遷　75

2.9　オノマトペ ･･ 76
　　　　　　オノマトペとは　76／音と意味との関係性　76／オノマトペの語形　77／オノマトペの識別　78／オノマトペの史的変遷　79

2.10　動植物名 ･･ 81
　　　　　　動植物の名前　81／翻訳，外国の動植物の名前　81／文化に応じた下位階層の多様化　82／十二支の動物　83

2.11　地　名 ･･ 83
　　　　　　地域名と都道府県名　83／旧国名　84／地域名の変化　84／地勢名　85／地勢語彙分布の偏り　85

2.12　人　名 ･･ 86
　　　　　　氏姓・苗字の歴史　86／姓の地域性　87／屋号　87

第3章　ことばの歴史 ･･ *89*

3.1　語源と語誌 ･･ 89
　　　　　　語源に対する意識　89／語史と語誌　90

3.2　語の形成（造語） ･･ 92
　　　　　　語形成の方法　92／合成　93／借用　94／縮約（省略）　94／倒置　95／混成（混交）　96／異分析と逆成（逆形成）　96

3.3　語形変化 ･･ 97
　　　　　　語形変化と語形交替　97／さまざまな語形変化　98／語形変化の要因　99

3.4　意味変化 ･･･ 100
　　　　　　意味変化とは　100／意味変化のパターン　101／意味変化の要因　103

3.5　語彙史 ･･･ 104
　　　　　　語彙の歴史的変化　104／語種の面から見た語彙史　105／文学作品のジャンルと語彙史　106／品詞と意味からみた語彙史　107

3.6　和語の歴史 ･･ 109
　　　　　　和語の位置づけ　109／奈良時代以前の資料にみられる和語　109／和語の語形変化　110／和語の意味変化　112／和語の使用意識　112

3.7　漢語の歴史 ･･ 114
　　　　　　漢語の流入　114／漢語の浸透　116／漢語使用の拡大　116／和製漢語の歴史　117

3.8　外来語の歴史 ･･ 119
　　　　　　古代からみられる外来語　119／西洋文化の流入と外来語　119／江戸時代の外来語　120／明治以降の外来語　120／和製外来語の歴史　121

3.9　混種語の歴史 ･･ 123
　　　　　　混種語の成立　123／漢語の定着と混種語の増加　123／外来語の流入と混種語　124／現代の混種語　125

3.10 位相語の歴史 ………………………………………………………………… 126
　　古代の位相語　126／階層・集団による格差の拡大と位相語　126／忌詞の歴史
　　127／さまざまな位相語の歴史　128
3.11 現代語彙の形成 ………………………………………………………………… 129
　　近代語彙から現代語彙へ　129／品詞・意味分野からみた近代語彙　130／語種
　　の面からみた現代語の形成　131

第4章　ことばと社会 ……………………………………………………… *134*

4.1 さまざまなことば ……………………………………………………………… 134
　　ことばの使い分け　134／位相語　135／役割語　135
4.2 方　言 …………………………………………………………………………… 136
　　方言とその分類　136／方言の語彙とその特徴　137／新方言　137
4.3 性・年齢とことば ……………………………………………………………… 141
　　男性語と女性語　141／幼児語・若者語・老人語　142
4.4 集団語 …………………………………………………………………………… 144
　　職業語　144／集団語の広がり　145／隠語　145
4.5 専門語 …………………………………………………………………………… 147
　　専門語　147／いろいろな専門語　147／語種でみる専門語　148
4.6 ことばの新旧 …………………………………………………………………… 149
　　年代差による違い　149／ことばの言い換え　149／新聞・放送での言い換え
　　150／言い換えの提案　151
4.7 広告のことば …………………………………………………………………… 152
　　広告のことばの特徴　152／キャッチ・コピー　153／商品名　153／広告の手
　　段　154
4.8 季節のことば …………………………………………………………………… 155
　　季節の分類　155／季語　155／「雪」を表すことば　156
4.9 挨拶のことば・縁起のよいことば・忌詞 …………………………………… 157
　　挨拶のことば　157／場面による挨拶の違い　157／手紙での挨拶とことば　158
　　縁起の良いことば　158／忌詞　159
4.10 新語・流行語 …………………………………………………………………… 160
　　新語・流行語とは　160／新語・流行語の特徴　161／廃語・死語　162
4.11 ことば遊び ……………………………………………………………………… 163
　　ことば遊び　163／いろいろなことば遊び　163／現代のことば遊び　164
4.12 敬　語 …………………………………………………………………………… 165
　　待遇表現　165／敬語を使う場面　166／敬語の分類　166／置換型と添加型
　　167／接頭語と接尾語　168／軽卑語の表現形式　170／ことばの与える印象
　　170
4.13 辞　書 …………………………………………………………………………… 171
　　辞書とは　171／辞書の分類　172／見出し語　172／国語辞典の語釈　175

参考文献 *176*　／　**索　引** *181*

第 1 章　語の構造と分類

1.1　語　の　単　位

1.1.1　語　と　語　彙
【語とその構成】

　文を構成する最小の言語単位で，特定の意味，文法上の職能を有するものを**語**（word：単語とも）という．

　フェルディナン・ド・ソシュール（Ferdinand de Saussure）は，言語を記号として体系的にとらえ，言語記号が結ぶのは，ものと名前ではなくて，概念と聴覚映像であるとしている．さらに，言語記号は**能記**（signifiant）すなわち聴覚映像と，**所記**（signifié）すなわち概念との結合であるとする（図 1.1）．また，能記と所記は偶然に結合したものであるとも述べている（ソシュール，1940）．

図 1.1　言語記号

　このように，語は音と意味との結合体であると規定するならば，そのそれぞれに分けて扱うことも可能である．前者の，音声連続体としてのかたちの側面（語の外形）を**語形**という．記号やペクトグラムなども一定の意味を表しているが，特定の音は有していない．たとえば，☎は〈電話〉を意味し，☠は〈危険〉を意味する．しかし，それらには特定の語形は存在しない．したがって，☎や☠は語を表す文字ではなく，記号一般ということになる．

【語彙的意味と文法的意味】

　語の意味は大きく語彙的意味と文法的意味に分けられる．語彙的意味とは，辞

書的意味ともよばれ，おもに語義として説明されるものをさす．それは，意味の体系のなかで，ほかの語と区別されるように記述されるもので，また，特定の範囲の物事に共通して当てはまる意味でもある．たとえば，「ねこ」はほかの動物，イヌやネズミなどと区別される特徴をもつとともに，ネコ一般，ペルシャ・シャムなど「ねこ」とよばれるものに共通する性質で説明される．

　文法的意味とは，おもに文における語の働きをいう．名詞など体言は文において主語になる，副詞はおもに用言を修飾するなどというように，品詞は文法的意味から分類される代表的なものである．「本を読みます」「読みが甘い」の「読み」は，前者は動詞の連用形として述語（もしくは，その一部）に，後者は名詞として主語に用いられたもので，それぞれ文法的意味が異なる．このほか，具体的な物事をさし示さない接続詞や助詞・助動詞の類のように，文や節における連接のしかた，順接や逆接，また条件や原因理由などの接続関係，また格や否定・推量などといった文法的意味をもっぱら表すものもある．

【語　彙】

　ある言語体系で用いられる語の総体を**語彙**（vocabulary）というが，その言語体系をどのように限定するかによって語彙の内容は異なる．

　日本語に限定すれば，その全体は「日本語の語彙」とよばれ，さらに現代語だけに限定すれば「現代日本語の語彙」と称される．また，都市や農村といった地域，警察・寿司屋などの職業など，ある社会集団に限定すれば，その内部で使われる単語の全体を意味する（「農村語彙」「方言語彙」「警察語彙」など）．このような特定の領域で用いられる語彙は，たとえば「新聞用語」「放送用語」，また「医学用語」「法律用語」「コンピュータ用語」などというように「～用語」とよばれることもある．

　これに対して，ある個人に限定すれば，その人の使う語の総体（「夏目漱石の語彙」など）を表し，ある作品に限定すれば，その作品で使われている語の総体（「源氏物語の語彙」など）を表す．

　また，特定の意味分野に限定した場合，身体部位に関する「身体語彙」，色名に関する「色彩語彙」，感情の表現に関する「感情語彙」などとよばれる．

　こうした語彙について，体系的に記述説明する言語研究の一部門を語彙論という．狭義では，語構成論・計量語彙論・語彙史論・語史・位相語などを含むものをさすが，広義では，意味論・語源学・辞書論など，広く語全般を扱う研究分野

【語彙の諸相】
　語彙は，話し手，すなわち言語主体の属性によって異なることがある．言語修得期に生活していた地域のことば（方言）が，自身の語彙に影響を与えている．そして，どのような職業や社会で生活しているかによっても，その職業集団，たとえば芸能界・出版業・寿司屋など，同業者間で特徴的に用いられることば（職業語），他者に知られないように，その集団（たとえば警察・犯罪者など）内部だけで秘密裏に用いられる特殊なことば（隠語）などがある．また，年齢や性の違いなどによっても，語彙が異なる．その場合，そのそれぞれを，幼児語・老人語・若者ことば，また男性語・女性語などと称されることもある．

　聞き手が話し手とどのような関係にある人物か，その相手の言語能力・理解力がどの程度であるかなどによっても，理解可能な語，たとえば専門語や特殊な用語の使用などにおいて，ことばの使い方に影響を与える．

　場面や話の内容に関しても，話しことば（口語）か，書きことば（文章語）かという文体的な意味も関与するとともに，改まるべき場面かどうか，未知の情報の多い話題か，雑談かなどによっても語彙が異なることがある．たとえば，敬語は相手に敬意を表す場面で用いられることばであり，敬意の含まれない普通語と対をなす．「やっぱし」「めっちゃ」は話しことばだけで用いられる，くだけたことば（俗語）であり，「はぐくむ」「いそしむ」は「育てる」「はげむ」を優雅に言い表すことば（雅語）である．

1.1.2 語の単位
【語素と形態素】
　単語を分解して得られる最小の意味単位を**語素**ということがある．たとえば，「夕焼け」は「夕」と「焼け」からなるもので，それぞれを語素とよぶ．多くは，複合語の構成要素をさす場合に用い，これを**造語成分**（または造語要素）などということもある．語形成のうえから，複合語を構成している各成分を造語成分とよぶのである．「夕焼け」から「焼け」を造語成分として認識すると，「小焼け」という語形も生じることになる．

　これに対して，語という言語単位と切り離して，意味を有する最小の言語単位を**形態素**（morpheme）とよぶ．意味の最小のまとまりに相当する形態である．

【語と形態素】

　語（単語）は，一つ，もしくは二つ以上の形態素からなる．ただし，形態素としてどのようなものを設定するかは，必ずしも明確でないこともある．たとえば，「なべ（鍋）」は「な（菜）＝へ（瓶）」という二つの形態素からなるが，このような形態素の分析は学問的に歴史をさかのぼってその語源をとらえることによって，はじめて認識されるという場合もある．語の成り立ちを知るうえでは，形態素の抽出は必要不可欠である．

　二つ以上の漢字が結合してできた語を熟語という．たとえば，「水力」「水運」「温水」「軟水」「化粧水」などのように，漢字は字義をもつ最小の言語単位でもあるから，熟語を構成する造語成分となる．

【異形態】

　ある形態素が二つ以上の相異なる形態をもつ場合，そのそれぞれを**異形態**とよぶ．これは音韻的条件や文法的な接続関係などによって生じる．

　音韻的条件とは，たとえば「ほん（本）」が「イッポン（一本）」「ニホン（二本）」「サンボン（三本）」となるような，直前の音声と結合する際に，その直前の音声的環境によって異なる語形が実現される．直前に促音がある場合には［p］が，撥音がある場合には［b］となる．

　いわゆる連濁もこの一種である．「やま（山）」に「てら（寺）」が結合して「やまでら」という一語になる類で，清音「て」が濁音「で」に変化することから連濁とよばれている．

　　　　y a m a t e r a　→　y a m a d e r a

　これは，無声子音が有声音である母音の間に挟まれ，前後の音環境に同化して有声化した現象である．語中に濁音が位置することによって，二語の連続ではなく，一語化したことを意味する．この「てら」と「でら」とは異形態である．

　また，活用語のそれぞれの活用形，たとえば「書か」「書き」「書く」「書け」もそれぞれ異形態である．

【露出形と被覆形】

　「手（て）」は「手をあげる」「手に入れる」というように，格関係に自由に立つことができるのに対して，「たなごころ（掌←手な心）」「たぐる（手繰る）」などのように修飾的成分として「た」の語形でも用いられる．この「て（手）」と「た（手）」も異形態であり，この種のものにはほかに「かぜ・かざ（風）」「あめ・あ

ま（雨）」などがある．

　これらは文法的な働きによって生じた異形態であり，**母音交替**とよばれている（有坂，1931）．「て（手）」のように独立的に自由に用いられる形態を**露出形**，「た（手）」のように派生語や複合語の前項にだけ現れる形態を**被覆形**といい，被覆形に語を自立させる要素*iが接し，母音の融合によって露出形が形成されたと考えられている（*は理論的に仮想されるものを示す）．

　　ta＋*i→te（手）　　kaza＋*i→kaze（風）　　ko＋*i→ki（木）

【二重形】

　同じ語に由来する複数の語形を**二重形**とよぶことがある．たとえば，外来語で，オランダ語 glas からの「ガラス」と，英語 glass からの「グラス」，またオランダ語 kop からの「コップ」と，英語 cup からの「カップ」はそれぞれ二重形である．

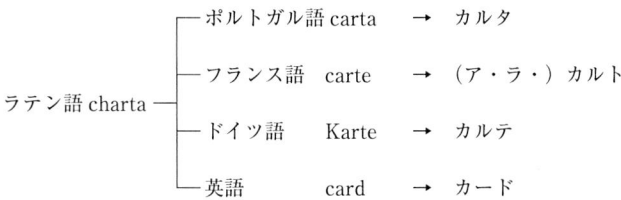

　ただし，それぞれは語源となる語の表す意味が同じである場合もあれば，少しずれている場合もある．

　漢語でも，「悪名」を「あくめい」「あくみょう」（「名」メイは漢音，ミョウは呉音），「固執」を「こしゅう」「こしつ」（「執」シツは慣用音）という語形で用いるのも，それぞれ二重形である．これに対して，「人間」を「にんげん」（呉音）と読む場合と，「じんかん」（漢音）と読む場合とでは意味が相当に異なる．このように，別の意味として意識される場合には二重形ではなく，別の語とされる．

　和語では，〈香りがいい〉意を表す古語「かぐはし」は「かぐわしい」となる一方，ウ音便によって「かうばし」となり，「こうばしい」とも，「かんばしい」ともなっている．「かんばしい」は「成績がかんばしくない」というように用いる用法もあるのに対して，「かぐわしい」「こうばしい」はもっぱら香りについて用いるという点で意味用法が似ており，二重形ともいえる．

【語根と語基】

　比較言語学[注1]の観点から，同系である各言語における語をみた場合，語根・

接辞とよばれる造語法上の用語がある．**語根**（root）は，ある言語もしくは同系統の言語間で，単語構成要素のうち，あるまとまった語に共通にみられる，意味のうえでそれ以上分解できず，ほかに還元不可能な最小の基本的要素のことをいう．たとえば，インドヨーロッパ諸語で，ギリシア語 δι-δω-μι〈与える〉，ラテン語 do，サンスクリット語 da-da-ti などによって，do-, də-, d- が語根であるとされる．インドヨーロッパ諸語の祖語において語根は多く仮設的記号であるが，ロマンス語派のように，その存在がラテン語によって証明される場合もある．

　日本語の場合，同系統の言語が証明されていないため，語根の概念は必ずしも有効ではないが，たとえば「ほのめかす」「ほのぼの」「ほのぐらい」の「ほの」や，「しずか」「しずめる」「しずしず」の「しず」の類を語根ということもある．その構成要素に特定の意味が確認できる場合に用いられる．

　インドヨーロッパ諸語などで，語から屈折語尾や派生語をつくる接辞などを取り除いた，残りの基本的な部分を**語基**（base）という．意味・形式からみて，それ以上分析できない究極の要素となるもので，語根が仮設的であるのに対して，これは語構成上から直接に分解された部分である．たとえば，〈生む〉〈生産する〉を意味する語根 ge/on（これは仮設的記号）には，gen-, gon-, gn- などの語基があることになる．日本語でいえば，たとえば動詞「書く」の kak- を語基に比することもできる．

【接辞】

　単独で用いられることがなく，つねにほかの語もしくは形態素に添加されて，なんらかの意味を付加する働きを有する語構成要素を**接辞**という．接辞には，前につく「接頭語」と，後につく「接尾語」がある．

(1) 接頭語（意味を添えたり，語調を整えたりする）

　(a) 名詞につく

　　　［和語］お（お寺）　　ま（真昼）　　か（か細い）　　かた（片思い）
　　　［漢語］超（超大型）　各（各委員）　不（不合理）　　名（名選手）

　(b) 動詞につく

　　　かっ（かっ飛ばす）　ひん（ひん曲がる）　ぶん（ぶん取る）

　(c) 形容詞（形容動詞）につく

(注1) 比較言語学とは，同系関係を確立するために，複数の言語を付き合わせて共通の祖語を再建する，歴史言語学の一分野のこと．

　　　　いち（いち早い）　　もの（もの静かだ）
(2)　接尾語
　(a)　意味を添える
　　　［敬意を表す］：さま（神様）　　さん（八百屋さん）　　氏（佐藤氏）
　　　［複数を表す］：たち（子供たち）　　ら（僕ら）
　　　［助数詞］：つ（一つ）　　個（二個）　　本（三本）　　冊（十冊）
　　　［その他］：［和語］屋(や)（豆腐屋）　　方(かた)（考え方）　　勝(が)ち（遅れ勝ち）
　　　　　　　　　［漢語］化（国際化）　　中（休暇中）　　放題（食べ放題）
　(b)　文法的職能を変える
　　　［名詞化する］：さ（寒さ）　　み（厚み）　　め（少なめ）
　　　［動詞化する］：めく（春めく）　　ばむ（汗ばむ）　　がる（悲しがる）
　　　［形容詞化する］：っぽい（子供っぽい）　　らしい（男らしい）
　　　［形容動詞化する］：げ（寂しげ）　　やか（つややか）　　らか（高らか）
接尾語には，意味を添えるもののほか，名詞化したり動詞化したりするような文法的職能を変える働きをもつものもある．

【語幹と語尾】
　活用する語（用言）は語幹と語尾に分けられる．
　　語幹：用言の活用語尾を取り除いた変化しない部分．
　　語尾（活用語尾）：活用によって変化する語末の部分．
たとえば，「歩く」「速い」の「ある」「はや」は語幹，「く」「い」は語尾である．ただし，「着る」「来る」など，語幹と語尾がはっきり分けられないものもある．
　インドヨーロッパ諸語などでは，語の文中における役割や関係の違いに応じて，語形を変化させる（これを**屈折**という）語のうち，変化しない部分を語幹（stem：語根とも），語形の変化する部分を語尾とよぶ．ただし，インドヨーロッパ諸語では，名詞・代名詞・形容詞の性・数・格による変化や，動詞の人称・数・時制・法・態による変化などの類であって，日本語における接続関係にもっぱら依存する語尾変化とは性質を異にする．

1.1.3　成句と慣用句
【成句】
　古くから多くの人に用いられてきた語句を**成句**という．これには，諺(ことわざ)・故事成

語・格言・名句・名言などがあり，それらは文のかたちをとっていても，語相当として用いられるものである．

昔から人びとに言いならわされ，語り伝えられてきた，鋭い風刺や教訓，知識などを含む簡潔なことばを**諺**という．「朱に交われば赤くなる」「出る杭は打たれる」の類である．**故事**とは，古い出来事や昔から伝わっている話のことで，それに基づく言葉を**故事成語**という．「臥薪嘗胆」「呉越同舟」「四面楚歌」「羊頭狗肉」など，とくに中国で用いられてきたものが多い．四字からなる熟語も多いが，「杞憂」「白眉」のような二字の熟語や，「断腸の思い」「背水の陣」のような句のかたちをもつものもある．

格言は，社会で生きていくうえにおいて処世術や戒(いまし)めなどとして用いられる短いことばをいう．「石の上にも三年」「沈黙は金」などの類で，金言ともいう．名句は，深い趣のある，さまざまな感慨をもよおすような文学的作品（詩句や随想など）におけることばの断片で，多くの人に引用されてきたものをいう．「国破れて山河あり」（杜甫「春望」），「人間(じんかん)到る処(ところ)，青山(せいざん)あり」（月性「将東遊題壁(げつしょう)」）の類である．名言は，実際にその人が言ったかどうかは別として，その人のことばとして有名なものをいう．「ブルータス，おまえもか」（シェークスピア『ジュリアス・シーザー』），「余の辞書に不可能の文字はない（不可能ということばはフランス語にはない）」（ナポレオン）の類である．

【慣用句】

複数の語が習慣的に固定的に結びついて，特定の意味を表す語句を**慣用句**（イディオム）という．たとえば，身体語彙と結びついたものに「腹が立つ」「足が出る」「目が高い」などがある．しかし，これらは「腹が立つ」を「おなかが立つ」とは言えないように，また「立つ腹」「高い目」などとは入れ換えられないように，原則としてその結合は分節化できないまとまり，すなわち一つの語相当として機能している．ただし，「顔が広い」のように「広い顔を利用して，手広く商売する」と言いうる場合もある．

＊演習 1.1

基本課題

(I) 次の語(a)〜(k)はどのような語彙に属するか，下記(イ)〜(ホ)の中から最も適当なものを選び，記号で答えなさい（〈 〉内はその語の意味）．

(イ) 雅語　(ロ) 俗語　(ハ) 隠語　(ニ) 方言　(ホ) 職業語
　(a) ホシ〈犯人〉　　(b) しじま〈静寂〉　　(c) チクる〈告げ口をする〉
　(d) ゲラ〈校正刷り〉　(e) しばれる〈凍る〉　(f) どや〈宿〉
　(g) つどう〈集まる〉　(h) あかん〈だめだ．不都合だ〉　(i) チャリ〈自転車〉
　(j) あがり〈お茶〉　(k) アテレコ〈画面に合わせて台詞を録音すること〉
(II) 次の接辞を有する派生語の例をあげてみよう．
　(a) み（御・深）—　(b) す（素）—　(c) あい（相）—　(d) 超—
　(e) 全—　(f) 未—　(g) アンチ—　(h) —がる　(i) —ぐるみ
　(j) —がてら　(k) —だらけ　(l) じみる　(m) —っぽい　(n) —坊
　(o) —業　(p) —力
(III) 「目」「耳」「口」などの身体語彙を用いた慣用句をあげてみよう．

発展課題
(i) 外来語の造語成分としてよく用いられる形態素をあげてみよう．
(ii) 異形態の語例を探してみよう（連濁を除く）．
(iii) 母音交替と認められる語をあげてみよう．

1.2　語　の　形　態

1.2.1　語形と発音
【音声と音韻】
　ことばを言い表すために，音声器官を用いて物理的に発する音を**音声**，その最小の単位を**単音**という．単音は「国際音声記号（International Phonetic Alphabet，略してIPAという）」に基づき，[ ]でくくって表される．
　語を意味のうえで区別するのに機能する音を**音韻**とよぶ．たとえば，英語では[r]と[l]はそれぞれ別の音として意識されるが，日本語ではrightもlightも／ライト／という同じ語形として意識され，音のうえで区別されない．このように，その言語において意味の弁別に機能する音を音韻，その最小単位を音素と称する（これはふつう／　／でくくって表される）．日本語の特殊音素には撥音（／N／）・促音（／Q／）・引き音（／R／）がある．

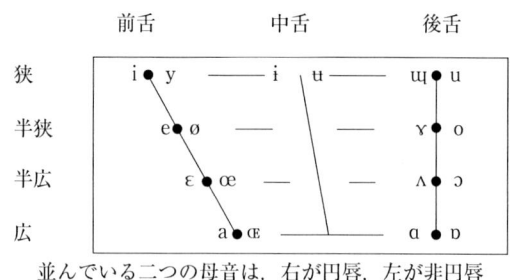

並んでいる二つの母音は、右が円唇、左が非円唇

図1.2 基本母音（沖森編，2010b）

表1.1 日本語の音を表すのに使用されるおもな音声記号（子音）*

調音法 \ 調音点	両唇音	歯音	歯茎音	後部歯茎音	硬口蓋音	軟口蓋音	口蓋垂音	声門音
破裂音	p b		t d		c ɟ	k g		ʔ
鼻音	m		n		ɲ	ŋ	N	
はじき音			ɾ					
摩擦音	ɸ β		s z	ʃ ʒ	ç	x ɣ		h ɦ
接近音					j	ɰ		
その他の記号		歯茎・硬口蓋摩擦音 ɕʑ			有声両唇・軟口蓋接近音 w			

同じ枠内に二つの記号がある場合は、右が有声音、左が無声音。
国際音声記号は、調音点、調音法、声帯の振動の有無によって分類されるが、詳しくは（沖森編，2010b）を参照されたい。

【語形と音韻変化】

　言語によって音韻体系は異なるが、同一の言語においても時代の変化とともに体系的変化が起こる場合もある。日本語は、中国語やその他の外国語との接触を経て、本来の音韻体系に少なからぬ変化がみられる。
　そこで、日本語に固有の音韻的特徴をあげると、次のとおりである。
(1) 音節は一つの子音（Consonat）と一つの母音（Vowel）からなる CV 構造。
(2) 開音節で、音節の末尾に子音は位置しない。
(3) 拗音がない。
(4) 母音だけの音節は語頭にしか位置しない。すなわち、母音が連接した場合は、一方が脱落したり、融合して別の母音に変化したりする。
(5) 語頭にラ行音は位置しない[注2]。

(6) 語頭に濁音は位置しない^(注3)．
(7) 語の内部で濁音は連続しない．
(8) 撥音・促音がない．
(9) 母音の長短の区別がない．
(10) 音便がない．
(11) 名詞は多く1・2音節からなる．3音節以上のものは，「こころ（心）・ここの（九）」など数少ない．

　日本固有の語，すなわち和語（1.4.2項「和語」）の典型は「め（目）」「は（葉）」「やま（山）」「ひと（一・人）」のような語で，これは上記 (1)～(11) のすべてに該当する．
　その後，中国語と接触するうちに漢字音の影響を大きく受けることになる．ただし，中国語にも言語変化がみられるので，次には日本漢字音に大きな影響を及ぼした隋唐時代ごろの音韻的特徴について，古代日本語との相違点を簡略に示す．

(1) 音節は，子音（Consonant）・介音（Semi-vowel）・母音（Vowel）・韻尾（Final）に，声調（Tone）がかぶさった，CSVF/T という構造をもつ．
(2) 音節の末尾に子音の位置する閉音節で，撥韻尾（-m, -n, -ng）と入声韻尾（-p, -t, -k），ならびに副母音（-i, -u）を有する．
(3) 介音には大きく i（ヤ行拗音相当）と u（ワ行拗音相当）とがある．
(4) 語頭にラ行音および濁音に相当する子音がある．

　漢字音が日本語の中に浸透するに従って，原音の発音も日本語の音韻に融け込んで変化したが，日本語にも漢字音の影響によって大きな変化が生じた．たとえば，(2) の -m, -n の撥韻尾によって撥音便（「死んで（sinde ← sinite）」の類）が，-p, -t, -k の入声韻尾から促音便（「立って（tatte ← tatite）」の類）が生じ，また副母音によってカイ（開 kai），コウ（口 kou）のような母音連接が許容されるようになり，イ音便（「書いて（kaite ← kakite）」の類），ウ音便（「詳しうす（kufasiusu ← kufasikusu）の類」）が生じた．

　(3) の介音をもつ漢字音は「ばうざ（病者）」のように古くは直音で発音されて

（注2）　助動詞「らし」「らむ」などはほかの語（「らし←あらし」「らむ←あらむ」）から転じて成立したもので，付属語であっても，もともとラ行音を語頭とする語は原則としてない．
（注3）　奈良時代以前には，〈鼻水をすすり上げる音〉を表す「ビシビシ」が唯一文献上確認されるが，擬音語は例外的なものであったとみられる．

いたが，鎌倉時代ごろから中国原音に近い拗音で「びゃうじゃ」のように発音されるようになった．このような拗音音韻の成立によって，eu という母音連続が拗長音 [joː] に変化し，和語にも「ケフ（今日）→ ケウ → キョー」のように拗音がみられることとなった．

(4)のラ行音を語頭にもつ語は，現代語でも「ルンルン・レロレロ」のようなオノマトペ以外には漢語・外来語にしかみえない．また，「五・大仏」などの漢語が日常的に用いられるようになったことから，語頭の濁音が「だす（← いだす）」「だく（← いだく）」「だれ（← たれ）」「どこ（← いどこ ← いづこ）」のような和語起源の語にもみられるようになった．

撥音・促音，また語頭の濁音などは，和語にもともとは存在しなかったものであるから，それらを含む和語はイメージやニュアンスとしてやや特異な感じを伴うこともある．たとえば，「あまり」と「あんまり」，「やはり」と「やっぱり」のように意味を強調したり，「ころころ・ごろごろ」のように大きさや重さなどを誇張したりするのもその一例である．

【外来語だけの音韻とその語形】

外国語を借用して日本語に用いる場合，日本語の音韻に同化させた語形が用いられるのが原則であるが，次のように，その外国語の発音に応じて外来語だけに適用される音韻，ならびにそれを書き記す特有の表記もある．ただ，外国原音が同じでも，古くに定着した外来語は，慣用として別の語形が用いられている場合もある（すでに慣用となっている語形は《　》に記す）．

  [ʃe]「シェ」：シェーカー　シェード　《「セ」ミルクセーキ》
  [ʒe]「ジェ」：ジェット　ダイジェスト　《「ゼ」ゼラチン》
  [tʃe]「チェ」：チェーン　チェス　チェック
  [tsa]「ツァ」：モーツァルト
  [tse]「ツェ」：シャンツェ
  [tso]「ツォ」：カンツォーネ
  [ti]「ティ」：パーティー　ボランティア　《「チ」エチケット　「テ」ステッキ》
  [di]「ディ」：ディーゼル　ビルディング　《「ジ」スタジオ　「デ」デザイン》
  [Φa]「ファ」：ファイル　《「ハ」セロハン》
  [Φi]「フィ」：フィート　《「ヒ」モルヒネ》
  [Φe]「フェ」：フェンシング　《「ヘ」インヘルノ》

1.2 語の形態

　　［Φo］「フォ」：フォークダンス　《「ホ」テレホン》
　　［du］「デュ」：デュエット　プロデューサー　《「ジュ」ジュラルミン》
　たとえば，〈建物〉の「ビルディング」は古くは「ビルヂング」であったし，〈一般〉〈主たる〉などの意を表す「ジェネラル」はいまでも「ゼネラル（-マネージャー）」というかたちで用いられる場合もある．しかし，外国語が身近になったため，しだいに外国原音に近く発音されるようになった．

　ただ，日本語の音韻に新たな音素が生じたというのではなく，音素の新たな組み合わせによって新たな音節が構成されるようになったことに由来する．たとえば，ダ［da］の子音［d］と［i］とが組み合わさってディ［di］が，フ［Φu］の子音［Φ］と［a］とが組み合わさってファ［Φa］が用いられているのである．

【外来語の語形のゆれ】

　外来語のなかには，外国語原音や原綴りに近く表記しようとするものの，現在ではまだその語形が安定していないものもある（一般的に用いられる語形は〔　〕に記した）．

　　［je］「イェ」：イェルサレム〔エルサレム〕
　　［wi］「ウィ」：ウィスキー〔ウイスキー〕　《「イ」サンドイッチ・スイッチ》
　　［we］「ウェ」：ウェディング〔ウエディング〕
　　［wo］「ウォ」：ウォッチ〔ウオッチ〕
　　［kwa］「クァ」：クァルテット〔カルテット〕
　　［kwi］「クィ」：クィンテット〔クインテット〕　《「キ」キルティング》）
　　［kwe］「クェ」：クェスチョン〔クエスチョン〕
　　［kwo］「クォ」：クォーター〔クオーター〕　《「コ」イコール》
　　［gwa］「グァ」：グァテマラ〔グアテマラ・ガテマラ〕
　　［tsi］「ツィ」：ライプツィヒ〔ライプチヒ〕
　　［tu］「トゥ」：トゥーピース〔ツーピース〕
　　［du］「ドゥ」：ヒンドゥー〔ヒンズー教〕
　　［va］「ヴァ」：ヴァイオリン〔バイオリン〕
　　［vi］「ヴィ」：ヴィーナス〔ビーナス〕
　　［vu］「ヴ」：イヴ〔イブ〕
　　［ve］「ヴェ」：ヴェール〔ベール〕
　　［vo］「ヴォ」：ヴォルガ〔ボルガ〕
　　［tju］「テュ」：ステュワーデス〔スチュワーデス〕

［fju］「フュ」：フュージョン〔ヒューズ〕
　［vju］「ヴュ」：インタヴュー〔インタビュー〕

このうち，［v］は日本語にとって新たな音素であり，これが今後定着していくかどうか注目されるところである．「イェ」以下は，現段階では語形として「ゆれ」がみられるが，おそらくは外国語に近い発音を志向する要求にしたがって，次第に原音・原綴りに近い語形が定着するものと予想される．

1.2.2　語とアクセント

【日本語のアクセント】

　共通語では，相対的な音の高さによって「箸」「橋」のように語が区別されることから，**アクセント**（高低アクセント）を音韻として扱い，**かぶせ音素**（超分節音素）とよぶ．語には決まった**アクセントの型**があり，その型を**アクセントの滝**[注4]によって分類することができる．

　名詞について，アクセントの滝がないものを「0」，第 n 拍[注5]の直後にアクセントの滝があるものを「n」として分類したものを表 1.2 に示した．

　アクセントの滝のない型（表 1.2 の「0」）を**平板式**（もしくは平板型），それのある型（表 1.2 の「n」n = 1, 2, 3…）を**起伏式**とよび，さらに起伏式を分類して，最初の拍が高い型（表 1.2 の「1」）を**頭高型**，最後の拍の直後にアクセントの滝のある型を**尾高型**（n 拍名詞の「n」），それ以外を**中高型**という．語はすべて

表 1.2　共通語における名詞のアクセントの型

	1拍	2拍	3拍	4拍	5拍	6拍
0	柄・日	牛・竹	鼠・形	友達・水泳	卵焼き	紫色
1	絵・火	猫・空	命・兜	富士山	影法師	大神宮
2		犬・川	心・境	朝顔・色紙	お母様	おまわりさん
3			男・鏡	唐傘・かがり火	山桜	とうもろこし
4				弟・妹	渡り船	しだれ柳
5					お正月	炭酸ガス
6						十一月

(注4)　共通語で，「ねこ（猫）」は「ね」を高く「こ」を低く発音する．このような高い音から低い音に落ちる部分を「アクセントの滝」という．また，拍の直後で音の高さを急激に降下させる音韻的特徴を「アクセント核」ともよぶ．

(注5)　「拍」とは，それ以上短く区切って発音することのできない音声上の最小単位のこと．「モーラ」ともいう．それぞれが同じ長さで発音されるという性質（等時間性）をもつ．

ひとつづきの高い部分を1か所だけもち，その高さを頂点として語としてのまとまりが与えられている．

【複合名詞のアクセント】

複合語になると，その構成要素であるもとの語のアクセントが変化することがある．それは，前記したように一つの語はひとつづきの高い部分を1か所しかもつことができないからである．

複合名詞について，語構成の面からアクセントの型を次に例示する．

(1) 名詞＋形容詞（語幹）：多く平板型．「円高・足早・骨太・腹黒・望み薄」
(2) 動詞（連用形）＋動詞（連用形）：多く平板型．「組立て・忍び泣き・仕上げ」
(3) 形容詞（語幹）＋動詞（連用形）：多く平板型．「高飛び・厚焼き・ずる休み」
(4) 形容詞（語幹）＋形容詞（語幹）：多く平板型．「甘辛・細長・浅黒・薄青」
(5) 名詞＋2拍動詞（連用形）：多く平板型．「旅立ち・釜上げ・みじん切り・五分咲き・先買い」．「～を～する」の関係にある場合，中高型．「芝刈り・窓拭き・綱引き」
(6) 名詞＋3拍以上の動詞（連用形）：原則的に後続語の第1拍まで高い型．「病院通い・金集め・口答え・雨上がり・神頼み」
(7) 名詞＋中高型を除く3拍以上の語：後続語の第1拍まで高い型．「風邪薬」（後続語が平板型），「冬休み」（尾高型），「色眼鏡」（頭高型）
(8) 名詞＋中高型の3拍以上の語：後続語のもとの下がり目まで高い型．「源氏物語・高山植物・国家公務員・関東地方」[注6]
(9) 3拍以上の名詞＋1・2拍語：後続語によって平板型か中高型．後続語が「色・語・式・性・製・的・村・山」などの場合，平板型．後続語が「会・川・業・郡・県・市・社・町」などの場合，中高型．

上記の傾向から明らかなように，後部要素が複合名詞全体のアクセントの型に大きくかかわっている．

＊演習1.2

基本課題

(1) 「さらさら」と「ざらざら」，「ころころ」と「ごろごろ」というように，清音と濁音との違いによって語感がどう違うか考えてみよう．

(注6) 「関東地方」は，後続語の第1拍まで高くなることもある．「カントウチホー」

(ⅱ) 特殊音素を含む語をあげて,意味や分野などの特徴について考えてみよう.
(ⅲ) 同じ仮名書きで,アクセントによって意味が異なる語句をあげてみよう.

発展課題
(ⅰ) 人の名前(姓名の名のほう)にも共通語で一定の複合アクセントの法則がみられる.次のような後続要素を手がかりに拍数をも考慮して分類してみよう.

　　〜こ(子など)　　　〜よ(代・世など)　　〜え(恵・絵・江など)
　　〜か(香など)　　　〜り(里など)　　　　〜み(美・実など)
　　〜お(夫・男・雄)　 〜と(人など)　　　　〜や(也・哉・弥など)
　　〜いち(一)　　　　〜ひこ(彦など)　　　〜ろう(郎など)

(ⅱ) 外来語だけに用いられる音韻を含む語をさらに指摘してみよう.
(ⅲ) 数詞「よ(四)」は「よん」という語形でも用いられるが,それぞれどのような場合に用いられているか考えてみよう.

1.3　語　と　意　味

1.3.1　意味の世界

【ことばの働き】

「さわやかな風」「ゆとりのある空間」などの「さわやかだ」「ゆとりがある」という語句は心に快く響く.それはなぜだろうか.感覚にせよ,願望にせよ,われわれは心地良いと思う感覚や環境を好むからであろう.「雀の子そこのけそこのけお馬が通る」という小林一茶の俳句がユーモラスに聞こえるのは,その情景を思い浮かべ,ほほえましくのんびりとした世界を感じとるからといえる.このように,ことばは人の感覚感情に訴え,情景や思想を喚起し,自らの価値・評価とかかわらせるという働きをする.

【ことばが描き出す世界】

ことばは,実際に目に見えることを言い表す手段であるとともに,目には見えない,自ら思うこと,感じることをも表現することができる.すなわち,現実としての具体的外面的世界を写し出すだけでなく,心のなかの抽象的内面的世界をも描き出すのである.「さわやかな風」「ゆとりのある空間」がそこに現実に存在していなくても,そのことばによって脳裏にその情景が思い浮かぶのは,ことば

の世界が事実の世界とは別に存在することを意味している．さらに言えば，事実の世界とは無関係に，事実であれ，虚構であれ，ことばによって言い表された世界こそが自らが認識した世界であり，われわれの感覚感情や思想を成り立たせているのである．

【意味の三角図】

スティーヴン・ウルマン（Stephen Ullmann）は語の能記を名（name），その所記を意義（sense），そして，その相互関係を「意味」（meaning）とよんだ．たとえば，ki という名が〈木〉という意義を喚起するだけでなく，〈木〉を思い浮かべると，そこに ki という名が喚起されるわけである（ウルマン，1951）．

語は名と意義から構成され，意義は指示物（referent）をさし示す（図1.3）．ことばにおいては，意義と指示物とが同一であるのが原則であり，その原則が破られない限り，聞き手は，眼前に「もの」（指示物）がなくでも，ことばによってその存在を認めることができる．たとえば，「コップ」という名は〈飲みものを入れるための，ガラス製の筒型容器〉という意義と結びつき，その意義は指示物の「コップ」の類（クラス）を参照させるが，特定の文脈においては，その類（クラス）の一部分である単独の指示物をさし示す（図1.4）．

すなわち，具体的外面的な世界で「もの・こと」（指示物）が実在するかどうかとはかかわりなく，そこではことばによって認識された世界がつくり上げられているのである．

【ことばの世界と事実の世界】

言語記号は，機能において意味と指示物とを一致させる．しかし，事実の世界ではそれが一致しない場合にも，意識的にせよ，無意識的にせよ，そのことばが用いられることがある．たとえば，「彼は独身だ」ということばは，ことばの世界でつくり出された内容が，「彼には妻がいる」という事実の世界の意味内容と矛盾

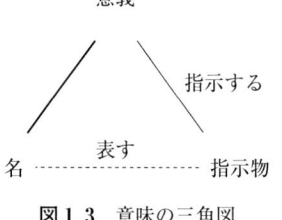

図1.3 意味の三角図

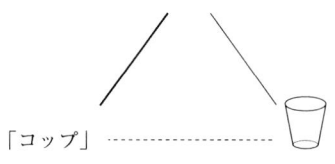

図1.4 「コップ」による意味の三角図

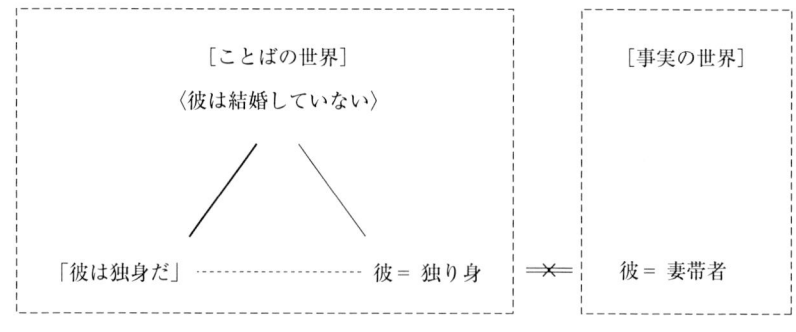

図 1.5 ことばの世界と事実の世界〈ウソ〉

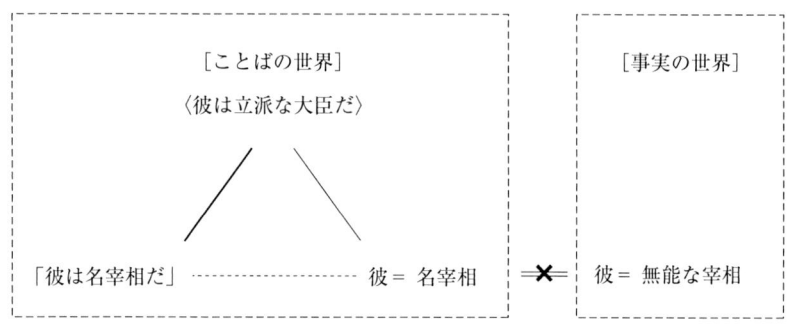

図 1.6 ことばの世界と事実の世界〈皮肉〉

する場合,それは「うそ」となる(図1.5).

また,〈彼は無能な宰相だ〉とわかっていながら,わざと「彼は名宰相だ」というと,ことばの世界が表す「彼＝名宰相」という意味内容が,事実の内容と対比的に示され,その差異が強調されて事実の内容が強く参照された結果,より事実の世界が強調され,辛辣な言い方の「皮肉」となる(図1.6).

これに対して,虚構の内容と事実の内容との差異が調和的に緩和されると,「冗談」となって滑稽さが生み出される.たとえば,「彼は名コックだよ」と言っておきながら,「いや,ホームパーティーの時のね」と言うような場合,ことばの世界と事実の世界との矛盾を矮小化することによって,笑いを生み出すのである.

1.3.2 ことばの意味

【意味とは何か】

「100メートル競争での3着」という意味を考えてみよう．この命題は，参加者が50人の場合，参加者が3人の場合，国際大会における場合，町内の運動会における場合など，競争相手の数や能力などとの関係で「3着」という意味が異なる．つまり，**意味**はそれ自体が観念として存在するのではなく，ほかの要素との相互関係，物事の体系における価値などによって外部的に規定されるのである．

【語と意義特徴】

ことばの意味も同じく，それ単独で存在するものではなく，言語の体系におけるほかの語との関係によって規定されている．たとえば，「少女」は〈成人していない女の人〉という意味であるが，その意味は次のような意味の成分から成り立っているということができる．

　　「少女」＝〈＋人間〉〈＋女性〉〈−成人〉

「少女」は人間に対して用いられる語〈＋人間〉であり，「猿の少女」「少女の犬」などという使い方はない．さらに，「女性」〈＋女性〉であり，「成人していない」〈−成人〉と分析できる．語を成り立たせる個々の成分（ここでは〈　〉で記したもの）を**意義特徴**とよぶならば，語の意味は意義特徴の集合によって規定されているといえる．

【概念】

概念は物事の本質をとらえる思考形式で，人間の精神内部に存在する抽象的普遍的なものである．個々の事物について，細かい違いを捨象し，共通する性質や特徴を抜き出して，概括的にまとめられた表現内容をさす．その表現内容は個々の事物からその性質や特徴を引き出すという点で抽象的であり，個々の事物に同じように当てはまるという点で普遍的である．ある概念は個々の事物というよりも，事物の集合に対して存在する．そして，外的世界における事物や，それらの関係について概念が存在する．概念は言語記号において意味と置き換えることもできる．

【概念的意味と周辺的意味】

意味の中核をなすのは概念的意味であるが，それに付随して，文化的社会的なイメージ，もしくはそこから連想される周辺的意味も内包されている．

たとえば，「女（おんな）」は「おだやかさ」「やさしさ」などという内包的意味をもつこ

とから，勾配のゆるやかなほうの坂を「女坂」というのであるが，これは周辺的な意味に基づく語である．また，「赤」は「血」「炎」からの連想で〈危険〉〈情熱〉などの意味ももち，「赤信号」「赤い血潮」というような語句を構成する．

1.3.3 意味関係
【連辞と範列】
　ある音・語を発しているときには，それ以外の音・語が言い表されないように，言語表現において音・語は線状に継起する．このような継起する諸要素の結合を**連辞**（syntagme：統合とも）という．連辞関係にある音が語となり，連辞関係にある語が文を構成する．

　その連辞を構成する要素は，それぞれ同一クラスに属する，ほかの要素と入れ換えられることがある．その相互に入れ換えが可能な，潜在的関係にある諸要素の集合を**範列**（paradigme：連合とも）という（図1.7）．

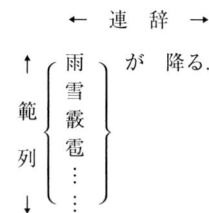

図1.7　連辞と範列

【意味関係】
　範列関係にある語は，意味のうえでほかの語との間で互いに共通する意味領域をもつ一方で，相異なる意義特徴を有している．その場合の意味関係には大きく分けて次の4つがある．
(1)　類似関係：意味の領域がほとんど，また一部において重なり合うもの
(2)　反対関係：ある基準を中心として意味の対立の認められるもの
(3)　対照関係：意味の対立が明確ではないが，対をなす関係にあるもの
(4)　階層関係：上下に層をなし，含み含まれる関係にあるもの
　たとえば，「母」は「おかあさん・ママ」などと類似関係をなし，「父」と反対関係，「親」と階層関係にある．

【類似関係】
　同じような意味を表す語を類義語という．ただし，意味のうえで同じようではあっても，使われる場面や語感・ニュアンスなどに多少とも違いがあるのが一般的である．たとえば，〈死ぬ〉という意味内容は不吉なだけに，次のように多様な言い方で用いられている．

1.3 語と意味

- 一般的：死ぬ（話し言葉的）　死亡する（書き言葉的）
- 堅い言い方：没する　死去する　死没する
- 婉曲な言い方：なくなる　他界する　永眠する
- 敬った言い方：逝去する　崩御する（天皇などに対して）
- 雅語的：逝く　みまかる　世を去る　永遠の眠りにつく
　　　　　帰らぬ人となる　土に帰る
- ぞんざいな言い方：くたばる
- 宗教的な言い方：往生する　成仏する　昇天する　神に召される

　意味領域がまったく同じ語は同義語とよばれるが，同時代に同義語が用いられるということは言語の効率性からみてふつうはない．たとえば，「死去」は政治家や文化人などの死に対して，「死没」は「死没者名簿」のように戦争や災害などによる死に対して用いられるという傾向がみられる．このように，類似関係にある語の間にも，語感・ニュアンスなどに違いが認められるのであって，日常的に用いるレベルではなんらかの使い分けがあるといえる．

　異なる語種のあいだ，たとえば和語「死ぬ」と漢語「死亡する」では，新聞記事には「病院で死亡した」などと書かれるように，漢語が書きことば的であるのに対して，和語は話しことば的であるという傾向がある（「救い出す ⇔ 救出する」，「おじいさん ⇔ 祖父」など）．婉曲に言って丁寧さを表したり，堅い言い方で改まった気持ちを表現したりすることもある．

　類似関係は意味領域の観点から次のように分類される（図1.8）．

(a)　等価関係（意味領域がほとんど重なり合う関係）

- 語感やニュアンスの違い
　昼食(ちゅうしょく) ⇔ ひるごはん（やや丁寧な感じ），おひる（口語的な感じ），ひるはん（俗語的な感じ），ひるめし（ぞんざいな感じ），ひるげ（雅語的な感じ），午餐(ごさん)（改まった感じ），ランチ（新しい感じ），ひるやしない・中食(ちゅうじき)（古い感じ）

分類	(a) 等価関係 X Y	(b) 包摂関係 X Y	(c) 共通関係 X Y	(d) 隣接関係 X Y
例	昼食・ひるごはん 母・おかあさん・ママ 捨てる・ほかす	起きる・起こる 貯金・預金 くるま・自動車	いえ・うち おもしろい・おかしい あがる・のぼる	生徒・学生 軽震・弱震 かたな・つるぎ

図1.8　類似関係

〔語種の違いによるものでは、漢語は堅い感じ、外来語は新しい感じを伴う傾向が強い〕

母 ⇔ おかあさん（丁寧な感じ）、おかあさま（敬った言い方）、かあさん・おかあちゃん（親しい感じ）、ママ（新しさを感じさせる、親しみを込めた言い方）、おふくろ（多く男性が用いる、親しみを込めた大人っぽい感じ）、おっかあ・おっかさん（くだけた感じの、古めかしい言い方）

- 位相の違い（年齢・職業・地域など社会的背景によって異なる）

  足 ⇔ あんよ（幼児語）　忘れ物 ⇔ 遺失物（職業語）　刑事 ⇔ デカ（隠語）
  捨てる ⇔ ほかす（方言）　出来〈農作物の〜〉⇔ 作柄（専門語的）

- 主体や客体の違い

  生き返る〈生物が〜〉⇔ よみがえる〈生物以外（記憶／笑顔）が〜〉
  扶養〈身内を〜〉⇔ 養育〈身内以外を〜〉

- その他

  さしみ ⇔ おつくり（「刺す」を忌んで、祝いごとなどに用いる言い方）
  眠気（ねむけ）⇔ 睡魔（「眠気」を悪魔にたとえた言い方）
  人影 ⇔ 影法師（擬人化した言い方）
  配列 ⇔ 排列（漢字表記の違いが狭義において意味に差異をもたらす）

(b)　包摂関係（意味領域において一方が他方を包摂する関係）

- 多義[注7]／一義の関係

  起きる ⇔ 起こる　　うまい ⇔ おいしい　　貯金 ⇔ 預金

- 一般／特殊の関係

  くるま ⇔ 自動車　　さけ ⇔ 日本酒　　花 ⇔ さくら
  〔主体などが限定される場合がある。「誕生 ⇔ 生誕〈偉人が〜〉」〕

(c)　共通関係（意味領域がそれぞれ一部分において重なり合う関係）

  いえ ⇔ うち　　おもしろい ⇔ おかしい　　あがる ⇔ のぼる

(d)　隣接関係（意味領域がたがいに隣接している関係）

  生徒 ⇔ 学生　　軽震 ⇔ 弱震　　かたな〈片刃〉⇔ つるぎ〈両刃（もろは）〉

【反対関係・その他】

(1)　反対関係（ある基準を中心として意味の対立の認められるもの、図1.9）

（注7）　一つの語が多くの意味をもつことを多義という。たとえば、「起こる」は〈物事・感情などが生じる〉意を表すが、「起きる」はその「起こる」の意味のほかにも、〈目を覚ます、横になっていた身体が立つ〉意などをも表す。

1.3 語と意味

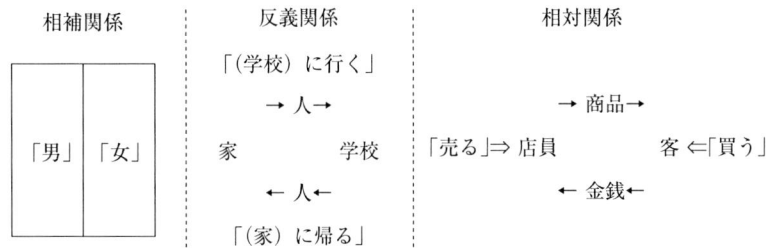

図 1.9 反対関係

(a) 相補関係（相互排除的な二分割による対立である関係）
　男 ⇔ 女　　ある ⇔ ない　　合格 ⇔ 落第
(b) 反義関係（動作の方向や程度の差などが相反して，両立しない関係）
　行く ⇔ 帰る　　上手 ⇔ 下手　　新しい ⇔ 古い　　深い ⇔ 浅い
　〔中間段階を表す語が存在する場合もある．「あつい・あたたかい・すずしい・さむい」〕
(c) 相対関係（動作や向きが逆で，反対の視点からみて両立する関係）
　売る ⇔ 買う　　表 ⇔ 裏　　親 ⇔ 子　　右 ⇔ 左　　上り坂 ⇔ 下り坂
(2) 対照関係（意味の対立が明確ではないが，対をなす関係にあるもの）
　たて・よこ　　固体・液体・気体　　知性・感性　　胎生・卵生
　〔「春・夏・秋・冬」のように系列をなすものもあり，とくに「春 ⇔ 秋」「夏 ⇔ 冬」では対照性が強く感じられる〕
(3) 階層関係（上下に層をなし，含み含まれる関係にあるもの）
　(a) 上位・下位の関係
　　弦楽器 ⇔ バイオリン・ビオラ・チェロ・コントラバス・……
　(b) 累積関係（累積することで，階層が上がっていくもの）
　　秒・分・時・日・(週)・月・年

【連辞と共起制限】

　語が連辞関係によって結合し，文が成り立つというのは，文法で呼応もしくは一致というものと同じである．そこでは，共通する意義特徴によって相互に結合し，意味のうえで補完したり限定したりすることで，意味が通じるのである．
　たとえば，「ブロンド─髪」「いななく─馬」「釣る─魚」というように，「ブロンド」は髪についての色名であり，「いななく」はイヌ・ネコではなく，ウマが鳴

く場合だけに,「釣る」は鳥や獣などではなく,魚を獲る場合だけに用いる動詞である.

「美人」という語は「彼女は美人だ」とは言えても,「彼は美人だ」とは言えない.「美人のアナウンサー」という場合,そのアナウンサーが女性に限定されるように,「美人」という語には〈女性〉という意義特徴が制限的に存在する.逆に「イケメン」は〈男性〉という制限があり,「イケメン俳優」といえば,男性しかささない.すなわち,「美人」「イケメン」は共通して〈きれいだ〉というような意義特徴をもっているが,連辞関係のうえで〈性〉に関する制限があるのである.

こうした共起制限にかかわる要素には,たとえば次のようなものがある.

〈動物〉:「生きる」は植物については用いられない.

〈人間〉:「おんな」は人間についていう.人間以外の生物は「めす」.

〈感情〉:「いる」は〈有情のもの〉,「ある」は〈無情のもの〉についていう.

「星がきらきらと輝く」という表現では,「星」「きらきら」は〈弱い光〉とか〈美しい〉とかいった要素で共通している.「きらきら」を,同じく〈光〉に関する「ぎらぎら」に置き換えると,「ぎらぎら」は〈強い光〉という意味上の特徴をもっているため,「星がぎらぎらと輝く」という表現は不自然となる[注8].「ぎらぎらと輝く」のは「夏の太陽(がぎらぎらと輝く)」がふさわしい.これに対して,「輝く」を「またたく」に置き換えると,〈明滅性〉という共通する要素において「星がきらきらとまたたく」という表現は可能である.

すなわち,語が連辞関係をなすとは,互いに結合可能な共通の意義特徴を有する場合に限られるのである.

＊演習1.3

基本課題

(1) 次の語(a)〜(l)はどのような意味関係にあるか,下記(イ)〜(チ)の中から最も適当なものを選び,記号で答えなさい.

　　(イ) 等価関係　　(ロ) 包摂関係　　(ハ) 共通関係　　(ニ) 相補関係
　　(ホ) 反義関係　　(ヘ) 相対関係　　(ト) 対照関係　　(チ) 階層関係

　　(a) しろ(白)・くろ(黒)　　　　(b) のうそん(農村)・ぎょそん(漁村)

[注8] ただし,特殊な表現,たとえば詩などではそれも成り立ちうるかもしれないが,一般的ではない.

(c)　やる（遣）・もらう（貰）　　(d)　とうしゅ（投手）・ピッチャー
　(e)　ふかい（深）・あさい（浅）　　(f)　おもて（表）・うら（裏）
　(g)　くさ（草）・はな（花）　　　　(h)　と（斗）・しょう（升）・ごう（合）
　(i)　いきる（生）・しぬ（死）　　　(j)　さげる（下）・おろす（下）
　(k)　かね（金）・きんせん（金銭）　(l)　ゆしゅつ（輸出）・ゆにゅう（輸入）

(II) 色彩語について，それぞれの周辺的意味を調べてみよう．
(III) 語種の違いによる類義語（p.21「昼食」と「ランチ」の例などを参照）をあげて，その意味や語感，用法などにおける違いについて考えてみよう．

発展課題
(i) 「冗談」「皮肉」と受け取られる表現をあげてみよう．
(ii) 反対関係にある語をあげ，どのような点を基準としているか考えてみよう．

1.4　語　の　出　自

1.4.1　語　　　種
【言語の系統と語彙】
　ゲルマン語派の英語の語彙には，ロマンス語派であるフランス語起源の語がかなり含まれている．たとえば，〈牛〉は ox，〈牛肉〉は beef であるが，前者はドイツ語と同じゲルマン語系の語（ドイツ語：Ochs）であり，後者はラテン語 bos に起源をもつフランス語 bœuf に由来する語である．このように，言語の系統として固有の語を用いる一方，文化的接触によって系統を異にする言語から借用して，別系統の語を日常的に用いるようになることはよく認められる．

【語種】
　日本語の語彙をその出自によって分類したものを**語種**という．
　(1)　**和語**（やまとことば）：日本固有のものと考えられる語
　　　例：ひと（人・一）　　め（目）　　はは（母）　　うみ（海）　　ひ（日・火）
　(2)　**漢語**（字音語）：漢字の音から構成される語
　　　例：いっさい（一切）　　めんもく（面目）　　ふぼ（父母）　　かいよう（海洋）
　(3)　**外来語**：16世紀中葉以降外国語（漢語を除く）から借用した語
　　　例：パン　　ガラス　　カード　　グルメ　　マージャン（麻雀）　　キムチ
　また，二つ以上の異なる語種の要素で合成された語は**混種語**とよばれる．

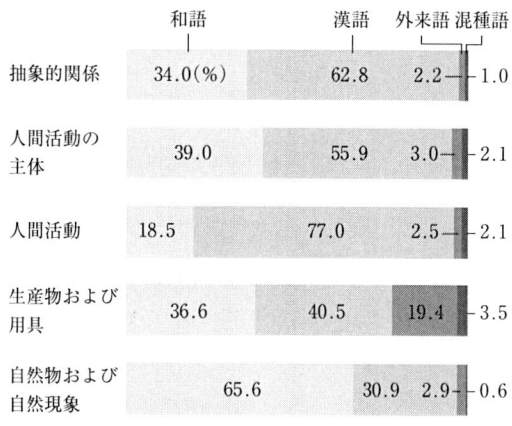

図1.10 語種と意味分野（林監修（1982）をもとに作成）

- 和語＋漢語：目線　手錠　相部屋　茶釜　注射針　必殺技　読書する
- 和語＋外来語：窓ガラス　輪ゴム　ボール投げ　デリケートだ
- 漢語＋外来語：自動ドア　二段ベッド　ガラス細工　メモ帳
- 和語＋漢語＋外来語：半袖シャツ　電動歯ブラシ　ガス湯沸かし器

このうち，漢語と和語からなる語についてみると，「座敷」「注射針」は音と訓，「目線」「手本」は訓と音からなる語で，音と訓が一語中に混在するという構成である．前者の類を重箱読み，後者の類を湯桶読みと称している．このような混用の語はすでに平安時代にはみえ，当時すでに漢字漢語が日本語にかなり定着していたことを示している．

1.4.2 和　語
【日本固有の語】

　和語は「やまとことば」ともよばれ，日本固有の語と考えられるものをいう．ただし，「うま（馬）」「うめ（梅）」のように漢字音に由来することが明らかな語や，古代朝鮮語から借用されたとみられる「てら（寺）」「むら（村）」などの語も和語として意識されている．日本語の系統が不明である以上，固有と借用の関係は明確にはしがたく，一般には漢字の訓に相当するものが和語と意識されているといってよかろう．

1.4 語の出自

表1.3 和語と音節数

	1音節					2音節				
数詞	三(み)	四(よ)	六(む)	八(や)	千(ち)	一(ひと)	二(ふた)	五(いつ)	七(なな)	十(とを) 百(もも)
身体語彙	目	手	歯	毛	血	耳	口	鼻	首	肩　肝(きも)
自然語彙	木	野	日	火	葉	草	山	海	川	石　虫
動詞連用形	し(為)　　き(来)					とり(取る)　　あり(有る)				
	み(見る)　　ね(寝る)					しに(死ぬ)　　すぎ(過ぐ)				
形容詞語幹	よ(良)　　あ(悪)					たか(高)　　ひろ(広)　　ふか(深)				

【和語の音節数】

奈良時代以前の和語は，複合語を除くと，名詞では1ないし2音節の語がほとんどであった．「こころ（心）」など3音節以上の語はむしろ少ない．現代に至るまで，基本的な語においては，動詞もその連用形が，形容詞も語幹が1ないし2音節のものが多くを占める（表1.3）．

【和語の意味的特徴】

和語は古くから用いられてきたものであることから，日常生活によく用いる基礎的な語彙に多くみられる（図1.10）．たとえば，身体部位（め・みみ），自然物・自然現象（き・かぜ），物事の属性（よい・つよい），基本的な動作・作用（する・いる・ある・いう・なる）などを表す．ただし，抽象的な意味を表す語は少なく，「平和・文明・民主・経済」などの意味概念は和語では表現しにくい．

1.4.3 漢　　語

【字音による語】

中国語から借用した語を**漢語**という．ただし，日本でつくられたものも多くあることから，それが漢字の字音に基づいているという性質によって，字音語とよばれることもある．

漢語はもともと借用語であるが，今日では日本語の内部に深く浸透していて，基本語となっているものも少なくない．したがって，そのほかの外国語からの借用語，すなわち外来語とは区別される．ただし，近代以降の中国語から借用された「ギョーザ・マージャン」などの類は外来語に分類される[注9]．

【字音の種類】

　漢語は字音によって構成されたものであるが，その字音体系には大きく呉音（長江下流域から百済経由で6，7世紀に借用した字音）と漢音（おもに8，9世紀に唐の都長安あたりから借用した字音）があり，そのほか唐音（鎌倉時代から江戸時代までに借用した字音），慣用音（日本独自の字音）がある(注10)．

- 呉音に基づく語：便(べん)　人間(にんげん)　男女(なんにょ)　成就(じょうじゅ)　功徳(くどく)　勘定(かんじょう)　文句(もんく)　断食(だんじき)
- 漢音に基づく語：便(びん)　人間(じんかん)　男女(だんじょ)　成功(せいこう)　就職(しゅうしょく)　定価(てい)　文章(ぶん)　夕食(しょく)
- 唐音に基づく語：行灯(あんどん)　胡乱(うろん)　蒲団(ふとん)　暖簾(の)　普請(しん)　外郎(うい)　扇子(す)　喫茶(きっさ)
- 慣用音に基づく語：並立(立 ← リュウ)　固執(執 ← シュウ)

　呉音による語は連濁を起こす場合があるが，漢音による語は原則として連濁を起こさない．「間」は呉音ケン，「徳」は呉音トクで，「人間(げん)」「功徳(どく)」となるのは連濁によるものである．

【漢語の字数】

　漢語を字数によって分類すると，次のようになる．

- 一字漢語：胃　腸　本　絵　服　愛　剣　線　点　面　瓶(びん)
- 二字漢語：経典　食堂　常識　会議　住宅　電車　大学　椅子(いす)
- 三字漢語：原子力　中性子　核家族　重軽傷　祖父母　衣食住
- 四字漢語：前人未踏　治外法権　一騎当千　核保有国　春夏秋冬

　三字漢語では，二字漢語に一字漢語が結合したタイプ（「積極性・再教育」の類），四字漢語では二字漢語どうしが結合したタイプ（「高山植物」の類）が多く，漢語は二字からなる語を基本としている．

【漢語の文法的性質】

　漢語は日本語に借用される場合，借用語一般の性質として基本的には名詞として機能するが，「折角(せっかく)・大体(だいたい)」などのように副詞的に用いられるものもある．ま

(注9)　たとえば，日本漢字音では「焼」ショウ，「売」バイであって，「シュウマイ（焼売）」とは漢字の読み方に違いがあるなど，字音による語という意識が乏しいことによる．

(注10)　呉音と漢音が混在したものに，ゲンゴ（言語：《漢音》ゲンギョ，《呉音》ゴンゴ）などがある．

た，日本語の語彙として定着したため，活用語の一部をも構成するようになった．次のように，文法的な意味を表す語または形態素を添えて，用言として用いられることも少なくない．

- 動詞になる（サ変動詞「する」を添える）：愛する　勉強する　重要視する
- 動詞になる（動詞接尾語を添える）：活気づく　秩序立てる
- 動詞になる（活用語尾を添える）：牛耳る　力む
- 形容詞になる（活用語尾を添える）：四角い　鬱陶しい
- 形容動詞になる（活用語尾を添える）：清楚だ　元気だ　残念だ

1.4.4 外来語

【外国語からの借用語】

外来語は外国語から日本語に入ってきた語をいう．漢語，そして古代朝鮮語以外にも，サンスクリット語からの「かはら（瓦）」，アイヌ語からの「えみし（蝦夷）」など，古くに外国語から借用された語もあるが，これらは一般に外来語とはよばない．外来語という語種は，16世紀中葉以降外国語から借用した語（漢語を除く）を指す．

【外来語の出自】

西洋の言語が日本語と接触するようになったのは，大航海時代を背景とした人びとの活動によるものであった．1543年ポルトガル船が種子島に漂流し，鉄砲を伝えて以来，キリスト教の布教がはじまって，ポルトガル語から「バテレン・ボタン（釦）・カステラ・パン・カルタ」などが借用されるようになった．

江戸時代には，オランダ語からの「ガラス・コップ・コーヒー・ビール・ガス」などが使われ，19世紀中葉以降は，英語などさまざまな外国語から借用されるようになった．英語からの借用語は現代の外来語の約80％以上を占めるといわれるほどで，あらゆる分野にみられる．そのほか，ドイツ語からは「ガーゼ・ノイローゼ・ピッケル」，フランス語からは「マント・デッサン・オムレツ」，ロシア語からは「ノルマ・トロイカ・インテリ（ゲンチャ）」などが借用された．

日本でつくられた，「ジーパン・ナイター・イージーオーダー」などの和製外来語もあり，なかには異なる言語に由来する単語を組み合わせたものもある．

　　バカンスシーズン（フランス語＋英語）　　カリスマモデル（ドイツ語＋英語）

表 1.4 現代雑誌における語種別異なり語数（人名・地名を除く自立語，国立国語研究所（2005））

	本　文		広　告
和　語	1万 970（27.7%）	和　語	3532（19.7%）
漢　語	1万 4092（35.5%）	漢　語	6266（35.0%）
外来語	1万 2190（30.7%）	外来語	7275（40.7%）
混種語	2407（ 6.1%）	混種語	817（ 4.6%）
計	3万 9659	計	1万 7890

1.4.5 現代語の語種

現代語では，外来語の使用が一段と伸びている．1994年に実施された雑誌の語彙調査によると，本文中での異なり語数では全体の30%を占め，広告の文章では40%を超えている（表1.4）．意味内容を凝縮し簡潔に言い表す漢語とともに，それにさらに新鮮で刺激的なイメージを加味した外来語の使用ということばの力が，人びとに新たな欲望をかき立てさせ，消費行動に駆り立てているといえる．

*演習1.4

基本課題

(I) 次の外来語の漢字表記を読んでみよう．
　(a) 硝子　　(b) 護謨　　(c) 合羽　　(d) 燐寸　　(e) 洋燈　　(f) 南瓜
　(g) 手巾　　(h) 洋琴　　(i) 数夫　　(j) 三鞭酒　(k) 瑞典　　(l) 桑港

(II) 混種語のうち，次のような構成になっている語を複数あげてみよう．
　(a) 和語＋漢語　　　(b) 漢語＋和語　　　(c) 和語＋外来語
　(d) 外来語＋和語　　(e) 漢語＋外来語　　(f) 外来語＋漢語
　(g) 和語・漢語・外来語すべてが一語に含まれるもの

発展課題

(i) 次の語彙をできるだけあげて，語種に分類してみよう．
　(a) 野菜の名称（例：キャベツ・ニンジン・ジャガイモ…）
　(b) 自身の部屋にある事物の名称（例：つくえ・いす・テレビ…）
　(c) 遊び方（遊戯）に関する名称（例：ままごと・麻雀・ポーカー…）

(ii) 次の構成からなる漢語（字音語）をあげてみよう．
　(a) 呉音による漢語　　(b) 漢音による漢語　　(c) 呉音・漢音が混在する漢語

1.5 語 の 構 成

1.5.1 語 構 成

ある語がどのような要素によって組み立てられているかということを**語構成**という．たとえば，「あさひ（朝日）」が「あさ」と「ひ」によって，「申し込む」が「もうす」と「こむ」によって組み立てられているという類である．国語辞典の多くは，見出し語に，たとえば「あさひ」は「あさ－ひ」「あさ ひ」というようにハイフォンや空きなどを設けて，その語の語構成を示している．

語の構成を形態素からみると，次のようにまとめられる．

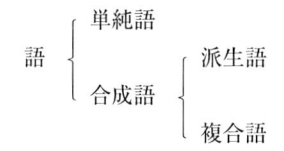

```
         ┌ 単純語
    語 ─┤         ┌ 派生語
         └ 合成語 ─┤
                  └ 複合語
```

(1) **単純語**（一つの形態素からなるもの）
意味・形態のうえから，それ以上に分けることができないと考えられる語．
「め（目）・みみ（耳）・やま（山）・かわ（川）」の類．
(2) **合成語**（二つ以上の形態素からなるもの）
　(a) **派生語**〔derivative〕
形態素または語に接辞（1.1.2 接辞参照）がついてできている語．
「うそっぽい」は単純語「うそ」と接尾語「っぽい」から，「あらっぽい」は形態素「あら（荒）」と接尾語「っぽい」からなる語である．「おつり・ぶっ倒れる・とまどう」のように接頭語がつくものと，「色めく・男らしい」のように接尾語がつくものに分けられる．
　(b) **複合語**〔compound word〕
二つ以上の単純語，または派生語から構成されている語．
「朝日・買い物・花見・祝い酒・書き込む・腹黒い」の類（「さかな」「なべ」など複合意識が一般には薄れてしまった複合語も多い）．

1.5.2 名詞の語構成

複数の語によって構成された名詞を，内部の構成要素間の文法的なはたらきか

ら分類すると，大きく統語関係と並立関係に分けられる[注11]．
(1) 統語関係による分類
- が（主格）：夜明け〔夜が明ける〕　人混み〔人が混む〕
- を（対格）：子育て〔子を育てる〕　野菜炒め〔野菜を炒める〕
- を（移動格）：綱渡り〔綱を渡る〕　名所巡り〔名所を巡る〕
- に（帰着格）：墓参り〔墓に参る〕　親孝行〔親に孝行する〕
- で（場所格）：陰干し〔陰で干す〕　現地集合〔現地で集合する〕
- で（具格）：手づくり〔手でつくる〕　船旅〔船で旅する〕
- へ（方向格）：西寄り〔西に寄る〕　外向き〔外に向く〕
- から（奪格）：都落ち〔都から落ちる〕　仲間はずれ〔仲間からはずれる〕
- まで（到達格）：底冷え〔底まで冷える〕
- より（基準格）：親勝り〔親より勝る〕
- と（共同格）：女遊び〔女と遊ぶ〕　人づき合い〔人とつき合う〕
- と（引用格）：勝ち名乗り〔勝ちと名乗る〕
- として（資格格）：教授待遇〔教授として待遇する〕

(2) 並立関係による分類
- 類似関係：たはた（田畑）　あれこれ（彼此）　のみくい（飲み食い）
- 反対関係：しろくろ（白黒）　うらおもて（裏表）　うりかい（売り買い）
- 重畳関係：きぎ（木々）　やまやま（山々）　さまざま（様々）

1.5.3　熟語の構成

漢語は単独で用いられることがある一方，複数の漢字を組み合わせて，より複雑な意味内容を表す場合もある．このように，結合が固定化して，特定の意味を表すようになったものを**熟語**という．

熟語は意味上または文法上さまざまな構成があり，そのおもなものを次にあげておく．

(注11)　複合名詞は，ほかに次のような語構成もみられる．
- 連体修飾格（「の」）：朝日　　手首　　夜風
- 動詞連用形＋名詞：枯れ葉　　上り坂　　遊び人　　見切り品　　着物
- 形容語（形容詞・副詞の類）＋名詞（動詞の連用形）の関係：深爪（ふかづめ）　厚焼き　遠吠え　うれし泣き　にわか雨　ぎょろ目　とんとん拍子
- 動詞連用形＋動詞連用形：返り咲き　　行き帰り　　申し込み　　炊きたて
- 名詞＋形容詞語幹：品薄　　面長　　意地悪　　円安

1.5 語の構成

(1) 類似関係の字を重ねたもの
   (a) 両方の意味を表す
      兄弟　妻子　手足　耳目　草木　鳥獣　風雨　河海　見聞
   (b) 意味を明確にしたり強調したりする
      永久　完全　空虚　身体　単独　同等　表現　満足　容易
(2) 反対関係の字を重ねたもの
   (a) 両方の意味を表す
      陰陽　自他　前後　天地　愛憎　往来　起伏　好悪　利害
   (b) いずれか一方の意味を強調する
      多少　異同　緩急　家庭　国家
(3) 上の字が主語，下の字が述語の関係であるもの
      公営　国立　地震　日没　年長　雷鳴
(4) 上の字が修飾語，下の字が被修飾語の関係であるもの
   (a) 連体修飾
      海水　石塔　悪名　賢者　美人　悲観　定価　納会
   (b) 連用修飾
      悪用　強打　短縮　熱演　最愛　常用　専売　予想
(5) 上の字が述語，下の字が目的語または補語の関係であるもの
      握手　応募　開業　禁酒　即位　伝言　読書　入門　服罪
(6) 上に「所・被」などの字を置き，下の字のはたらきを受けるもの
      所感　所行　所属　所定　所得　所望　被害　被告　被災
(7) 上に否定の字をつけ，下の字の意味を打ち消すもの
      [不]：不安　不可　不快　不吉　不況　不正　不徳　不便
      [非]：非常　非俗　非道　非法　非凡　非力　非類　非礼
      [無]：無我　無限　無上　無職　無数　無断　無能　無名
      [未]：未完　未決　未見　未婚　未熟　未詳　未定　未来
      [莫]：莫大　莫逆
(8) 接辞がついたもの
   (a) 接頭語がつく
      阿父　小生　拙見　貴殿
   (b) 接尾語がつく
      毅然　欠如　断乎　莞爾　忽焉　椅子　往者

(9) 同字を重ねたもの（物事の状態や動作をより明らかに表す）
　　営々　往々　散々　淡々　着々　年々　微々　脈々　累々
(10) 同声または同韻の字を重ねたもの（物事の状態を形容する）
　(a) 同声の字を重ねたもの（双声）
　　蒼卒　瀟洒(しょうしゃ)　参差(しんし)　繽粉(ひんぷん)　髣髴　匍匐　磊落(らいらく)　怜悧　玲瓏
　(b) 同韻の字を重ねたもの（畳韻）
　　慇懃　矍鑠(かくしゃく)　従容(しょうよう)　逍遥　徘徊　潑剌(はつらつ)　茫洋　朦朧　爛漫
(11) 外国語に漢字を当てたもの
　　琵琶　瑠璃　琥珀　駱駝　西瓜(すいか)　三昧　舎利　奈落　刹那

1.5.4 用言の語構成

【動詞の語構成】
　品詞を中心として主たる動詞の構成法を次に示す（Nは名詞のこと）．
(1) 名詞＋動詞
　　色づく（Nガ）　夢見る（Nヲ）　腹ばう（Nデ）
(2) 動詞＋動詞
　(a) 自立的＋自立的
　　（動作性＋動作性）引き入れる　切り捨てる
　　（状態性＋動作性）吹き出る　立て籠もる
　(b) 自立的＋補助的
　　飲みはじめる　走り続ける　拝み倒す
　(c) 補助的＋自立的
　　打ち消す　押し黙る　立ち返る　引き続く
(3) 形容詞（形容動詞）＋動詞
　　遠ざかる　近寄る　若返る　古ぼける
(4) 副詞（擬態語）＋動詞
　　ぶら下がる　べとつく　ほんやりする
(5) 接頭語＋動詞
　　とまどう　さまよう
(6) 語基＋接尾語
　　（名詞性語基）涙ぐむ　体系だつ　汗ばむ
　　（形容詞性語基）強がる　上品ぶる　若やぐ

【形容詞の語構成】

品詞を中心として主たる形容詞の構成法を次に示す．

(1) 名詞＋形容詞
　　（和語＋）：後ろ暗い　　息苦しい　　奥ゆかしい　　粘り強い
　　（漢語＋）：胡散くさい　　嫉妬深い　　意地悪い
(2) 形容詞語幹＋形容詞
　　青白い　　薄暗い
(3) 名詞＋い／しい
　　（和語＋）：丸い　　黄色い　　等しい　　大人しい
　　（漢語＋）：四角い　　鬱陶しい　　ひどい（「非道」から）
　　（外来語＋）：エロい　　ナウい
(4) 重複形＋しい
　　（名詞の重複形）：うやうやしい　　かどかどしい
　　（形容詞語幹の重複形）：あらあらしい　　おもおもしい
　　（形容動詞語幹の重複形）：けばけばしい（「けばや」から）
　　（動詞の重複形）：いまいましい（「忌む」から）
(5) 接頭語＋形容詞
　　おいしい　　そら恐ろしい　　たやすい　　けだるい
(6) 語基＋接尾語[注12]
　　（＋ない〈程度がはなはだしい〉）：いとけない　　せわしない
　　（＋ない）（動詞＋）：つまらない　　しのびない
　　（＋ない）（名詞＋）：あじない　　しかたない
　　（＋ない）（形容詞語幹＋げ＋）：あぶなげない　　大人げない
　　（＋たい）：重たい　　眠たい　　けむたい

【逆成と混交】

本来は語尾でない部分を，形のうえの類似から語尾とみなして，新しい語をつくる現象を逆成という．「たそがれ（語源は「誰そ彼(たそかれ)」）」から「たそがる」を，double から動詞「ダブる」をつくる語形成法の類である．「ひどう（非道）」が形容詞連用形のウ音便と意識されて，「ひどい」という終止形をもつようになった場合もある．

意味のよく似た二つの語句または文が混ぜ合わさって，新しい語句または文が

(注12)　形容詞接尾語には，ほかに「っぽい・っこい・らしい・がたい・にくい」などがある．

できることを混交（contamination）という．「やぶる」と「さく（裂く）」から「やぶく」，「とらえる」と「つかまえる」から「とらえる」となったり，「口車に乗せる」と「口裏を合わせる」から「口車を合わせる」，「便利だ」と「都合がいい」から「便利がいい」となったりする類である．

＊演習 1.5

基本課題

(I) 次の熟語はどのような構成か，1.5.3 項の分類（p.32〜34 参照）に当てはめてみよう．
  (a) 雑然　　(b) 混沌　　(c) 葡萄　　(d) 広大　　(e) 洋々　　(f) 最高
  (g) 客室　　(h) 受戒　　(i) 着脱　　(j) 人造　　(k) 滅亡　　(l) 恍惚

(II) 次の語句はどのような語または句が混交してできた語か考えてみよう．
  (a) おっぽ（尾）　　(b) うたぐる（疑る）　　(c) 眉をしかめる
  (d) 的を得る　　(e) 二の舞を踏む　　(f) 心血を傾ける

(III) 名詞と名詞からなる次の複合語はそれぞれがどのような関係にあるか考えてみよう．
  (a) 夜風（よかぜ）　(b) 野菊（のぎく）　(c) 川上（かわかみ）　(d) 風車（かざぐるま）　(e) 恋人　(f) 目薬

(IV) 外来語，またはその一部に活用語尾「る」を添えて動詞として用いられる語をあげてみよう．

発展課題

(i) 次の性質をもつ単純語をあげてみよう．
  (a) 1 拍の和語　　(b) 3 拍の和語　　(c) 漢字 1 字の漢語

(ii) 次の格関係を有する複合名詞をあげてみよう．
  (a) が（主格）　　(b) を（対格）　　(c) を（移動格）
  (d) で（具格）　　(e) に（帰着格）　　(f) で（場所格）

1.6　語の働き

1.6.1　語と品詞

文における語のはたらきを分類した代表的なものが**品詞**である．単独で文節を構成するかどうか，主語となるか，述語となるか，修飾語となるか，どのような文の成分となるかなどによって品詞分類される．

語によっては複数の品詞をもつものもある．たとえば，「そうとう（相当）」は

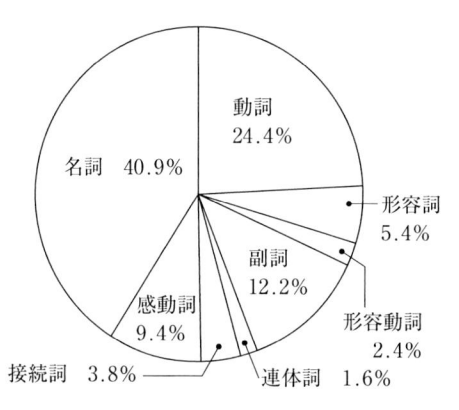

1952～1953 年の東京の日常会話による（延べ語数 83,620 語）．ただし，助詞・助動詞および融合形を除く．

名詞　40.9%
動詞　24.4%
副詞　12.2%
感動詞　9.4%
形容詞　5.4%
接続詞　3.8%
形容動詞　2.4%
連体詞　1.6%

図 1.11　話し言葉の品詞（延べ語数，国立国語研究所（1955）をもとに作成）

「物価が相当高い」（副詞），「十万円相当の賞品」（名詞），「十万円に相当する」（サ変動詞の語幹），「相当な金持ち」（形容動詞の語幹）のように多岐にわたる．ただ，品詞は文法的なはたらきの一面を機械的にとらえた分類でもあるから，実際の用例が品詞につけられた一般的もしくは典型的な定義に収まりきれない場合もある．

たとえば，「さまざま」は「さまざまな（こと）」である場合は形容動詞であるが，「さまざまの（こと）」と用いられた場合は，その「さまざま」が名詞とされる．しかし，「さまざまなこと」と「さまざまのこと」は意味のうえで違いは感じられない．むしろ，「さまざまが」「さまざまを」のように，自由な格関係に立つことができるというのではなく，「の」を伴い連体修飾する「さまざまの」というかたちで用いられる場合がほとんどである．したがって，「の」がつくから名詞であるとはいうものの，その文法的なはたらきは形容動詞と同じである．

品詞は文におけるはたらきを示すものではあるが，言語の変遷は日々とどまることがないから，固定的に考えるのではなく，その実際の用法に即して判断するべき性質のものである（図 1.11）．

1.6.2　語の品詞性

「迷惑」は動詞「この件では迷惑している」にも，形容動詞「迷惑な話」にも用いられ，複数の品詞を有している．この場合，両者の意味は違わない．

前記の「相当」という語は，名詞とはいっても「相当が」「相当を」のように自

由な格関係に立つことはなく,「十万円相当」のように必ず名詞のうしろにくる,いわば接尾語的な用法しかない（この用法ではアクセントが頭高型［1］となるが,ほかの用法では平板型［0］である点でも異なる）．その意味で,典型的な名詞のはたらきはもっていないのである．また,「相当な金持ち」というかたちとともに,「相当の金持ち」ともいうことができるが,これは「せっかくのお誘い」「たまたまの逢瀬」などと同様,副詞に「の」がついた用法とみるべきであろう．ただし,「相当」は,名詞・動詞の場合と副詞・形容動詞の場合とでは意味が異なるが,それは意味変化（多義化）に基づくものである．「相当」はもと〈対応する,合致する〉の意味であったものが,〈それにふさわしいさま〉の意を経て,20世紀に入って〈かなり〉の意味をも表すようになった．

名詞が形容動詞としても用いられる例としては,たとえば「一本槍な性格」「問題な発言」のように,名詞が状態性の意味を強くおびると,「〜な」というかたちでも用いられるようになるなど,語の品詞は意味のあり方に基づいて変わりうるものである．

1.6.3　用言の対応関係

【動詞の対応関係】

動詞には,意味用法に応じて,形態上の対応関係がみられる場合がある．たとえば,活用の違いによって動詞の自他が対応する場合がある．

(1) 五段活用（自動詞）⇔ 下一段活用（他動詞）

　　開く ⇔ 開ける　　沈む ⇔ 沈める　　立つ ⇔ 立てる　　向く ⇔ 向ける

(2) 下一段活用（自動詞）⇔ 五段活用（他動詞）

　　切れる ⇔ 切る　　解ける ⇔ 解く　　焼ける ⇔ 焼く　　欠ける ⇔ 欠く

自動詞がル語尾に,他動詞がス語尾になる場合もある（以下では,古語の語形を《　》に示し,語幹末尾音節の子音をCで記した）．

(3) -ru（自動詞）⇔ -su（他動詞）

　　流れる《流る》⇔ 流す　　汚れる《汚る》⇔ 汚す

(4) -Caru（自動詞）⇔ -Cu（他動詞）

　　上がる ⇔ 上げる《上ぐ》　　集まる ⇔ 集める《集む》

(5) -Cu（自動詞）⇔ -Casu（他動詞）

　　照る ⇔ 照らす　　減る ⇔ 減らす　　なびく ⇔ なびかす

1.6 語の働き

表 1.5 動詞の語形と意味（『岩波国語辞典 第 7 版』（岩波書店, 2009）巻末の付録をもとに作成）

自動	他動	自発	受身	使役
伝う	伝える	伝わる		
埋まる	埋める		埋もれる	
	見る	見える		見せる
抜ける	抜く	抜かる		抜かす
泣く		泣ける		泣かす
	知る		知れる	知らす

また，自発・受身・使役の意味をもつ語形も合わせて表 1.5 に示しておく．

五段活用動詞を下一段に活用することによって，可能の意味が規則的に付与される．

　　行く ⇔ 行ける　　話す ⇔ 話せる　　集まる ⇔ 集まれる

【動詞と形容詞の対応関係】

　動詞と形容詞の間には対応関係が存する場合がある．たとえば，動詞「勇む」「頼む」に対して，形容詞「勇ましい」「頼もしい」（古語では《勇まし》《頼もし》）がある．ある動作・作用を表す意味が，そのような性質や状態であるという意味に対応するもので，〈勇んでいるようすである〉〈頼めるようすである〉という意味として，形容詞形が基本的に次のような関係で構成される．

　　-Cu（動詞）⇔ -C a/o si（形容詞）
　　nayam-u（悩む）⇔ nayam-asi（悩まし）　　osor-u（恐る）⇔ osor-osi（恐ろし）

ほかに，「恥じる《恥づ》」⇔「恥ずかしい《恥づかし》」のように対応する場合などもある．また，動詞と形容詞の語幹がそれぞれ共通するものもある．

　　ふとる ⇔ ふとい《ふとし》（太）　　ただす ⇔ ただしい《ただし》（正）
　　にくむ ⇔ にくい《にくし》（憎）　　いたむ ⇔ いたい《いたし》（痛）
　　くやむ ⇔ くやしい《くやし》（悔）　　すずむ ⇔ すずしい《すずし》（涼）
　　くるしむ ⇔ くるしい《くるし》（苦）　　つよめる《つよむ》 ⇔ つよい《つよし》（強）

この場合，対応する動詞は「〜む（める）」という語尾となる場合が多い．

【形容詞と形容動詞の対応関係】

　「あたたかい ⇔ あたたかだ」「やわらかい ⇔ やわらかだ」「こまかい ⇔ こま

かだ」に意味上の相違を認める説もあるが，そこには大きな意味の違いはない．これは語幹が「か（らか）」で終わるように，「しずか」「ほがらか」などと同じくもともと形容動詞として用いられていたものであったが，形容詞型活用に類推されて活用を変えた語群である．現代語では形容詞形しか用いられなくなったものに「するどい」（古語は「するどなり」）などもある．

また，「おかしい ⇔ おかしな」のように対応するものもある．古語では「をかし」という形容詞であって，現代語では「おかしい」となる．他方，「おかしな」は形容動詞型活用の連体形に類推されたものである．ただし，「おかしな」は連体形以外に形容動詞型の活用形がなく，連体修飾の用法しかないことから，連体詞[注13]とされることもある．

＊演習1.6

基本課題

(I) 次の語が有している複数の品詞をそれぞれあげてみよう．
　　(a) ある　　　　　(b) ない(無い)　　(c) たしか(確か)　(d) らく(楽)
　　(e) しんぱい(心配)　(f) けっこう(結構)　(g) むり(無理)　　(h) ふつう(普通)
　　(i) オープン　　　(j) クラシック　　　(k) マイナス　　　(l) スライド
　　　（注意：「〜する」「〜な」というように用いることができるならば，その語はそれぞれ動詞，形容動詞と認められる）
(II) 名詞に続く場合，「……な」の形でも「……の」の形でも用いる語をあげてみよう．
(III) 自動詞と他動詞とで形態上対応する語形をあげてみよう．

発展課題

(i) 動詞または形容動詞の語幹としても用いられる副詞をあげてみよう．
(ii) 形容詞と形容動詞の対応関係が認められる語（たとえば「おかしい」と「おかしな」）について，2語の間に意味用法・ニュアンスなどに違いがないか考えてみよう．

(注13) 連体詞はもっぱら連体修飾する品詞とされるが，「そぶりのおかしな人」というように，述語としても用いられることから，連体形しかない形容動詞として扱われる場合もある．「大きな・小さな」の品詞認定もこれと同様である．

第 2 章　さまざまな語彙

2.1　語彙・語彙量

　語彙を数量の面からみた場合，**語彙量**とよぶ．また，ある資料を対象として語彙量を計るとき，同じ語であればくり返し出現しても 1 語と数える場合を**異なり語数**，同じ語であってもその都度出現した回数を語数として数える場合を**延べ語数**という．

　日本語がどれくらいの異なり語数を有するかは明確にしがたい．それは，漢字の総数が何字であるのかを記すということに似ている．漢字は，偏旁冠脚(へんぼうかんきゃく)の組み合わせで新たに作成できるように（たとえば「口」は加・召・兄・叶・品・回などになる），語も音もしくは文字を連ねることによってつぎつぎとつくり出すことができるからである．「くち（口）」は，「入り口」「合い口」「口笛」「口車」「片口笑い」などの語が現代ではあり，かつては「口返し」〈口答(くちがえ)え〉，「口込め(くちご)」〈言いくるめること〉などという語もあった．このように，異なり語数の語彙量を明示することは困難であるが，それを示すいくつかの指標が考え出されている．

2.1.1　辞書における**語彙量**

　一つの目安として使われるものに辞書の**見出し語数**がある．大型辞書である『日本国語大辞典』は約 50 万語，中型辞書『広辞苑』や『大辞林』は約 23 万語であるが，これらは固有名詞や百科語彙，古語をも収録していることから，普通語に相当する異なり語数であるとはいいにくい．

　これに対して，固有名詞や百科語彙，古語などを見出しとしない小型国語辞典をみると，『新選国語辞典』9 万 320 語（第 9 版，2011），『明鏡国語辞典』約 7 万語が収録されており，現代語における普通語の異なり語数の一例ということになろう（4.14 節「辞書」）．ただし，辞書の見出し語はあくまでも辞書を編集すると

いう作為が入ったものである．

2.1.2 使用語彙と理解語彙

話したり書いたりして使用する語彙を**使用語彙**，聞いたり読んだりして理解できる語彙を**理解語彙**という．一般的に使用されている語彙を調査した代表的なものに，『現代雑誌九十種の用語用字』（国立国語研究所，1962～64）（1954年の雑誌を対象とした調査）がある．これによれば，述べ語数43万8135語というサンプル調査のなかで，異なり語数は3万9930語であったという．ほかのサンプルでも大規模調査が求められ，新聞3紙の1年分からのサンプル調査，高校教科書の調査などを行われている．これらの調査からは，一般社会における使用語彙は3万～4万語と推定されることになる．

2.1.3 理解語彙の発達

森岡（1951）は義務教育修了直後の高校一年生がどのくらいの語彙を理解しているかを調査している．これによれば，15人の被験者の平均3万644語で，最高が3万6330語，最低が2万3381語というように，約1.5倍の個人差があったという．

また，表2.1に示すように，年齢別に理解語彙量を調査した阪本（1955）による調査からは，8～12歳ごろに理解語彙量が急激に増加し，18歳以降はあまり増えないということが知られる．

個々人の使用語彙について，理解語彙のうちいくつ使いこなせるかということになり，当然理解語彙の量より少なくなる．それは理解語彙の3分の1程度ともいわれているが，具体的にどれくらいであるか，また，どのようにすれば計量できるかについては必ずしも明確ではない．

表2.1 理解語彙の発達（阪本，1955）

年齢	理解語数	年齢	理解語数	年齢	理解語数
6	5661	11	1万9326	16	4万3919
7	6700	12	2万5668	17	4万6440
8	7971	13	3万1240	18	4万7829
9	1万276	14	3万6229	19	4万8267
10	1万3873	15	4万462	20	4万8336

2.1.4 基本語彙

「主題語」「特徴語」に対して「無性格語」「非特徴語」(田中, 2002a) などと名づけて，各種資料から総合的に抽出された「無性格語」を集めて基本語彙とすることがある．無性格語の代表的なものとしては，動詞「する」「いる」「ある」など，名詞「こと」「もの」など，代名詞「これ」「それ」「あれ」などが代表的なものである．そして，この基本語彙[注1]は，シソーラスとともに，国語教育・日本語教育の観点からも検討されることになる．

2.1.5 高頻度語と低頻度語

語彙量の調査を通して，使用頻度の高い**高頻度語**と，使用頻度の低い**低頻度語**とが抽出される．図 2.1，表 2.2 に示すように，『現代雑誌九十種の用語用字』では異なり語数 3 万 9930 語のうち，使用頻度が 1 回の語が 1 万 8032 語，2 回の語が 6582 語であり，合計で異なり語数の 2 万 4614 語 (61.6％) を占めている．

表 2.2 異なり語数と延べ語数の関係 (田中, 2002a)

異なり語数 (上位)	延べ語数に占める割合 (％)	延べ語数の伸び
〜5	8.4	
10	12.3	約 5.4 万
25	19.4	
50	25.9	
100	32.9	約 14.4 万
200	40.5	
300	45.3	
500	51.5	約 22.6 万
750	56.7	
1000	60.5	約 22.6 万
1500	66.1	
2000	70.0	約 30.1 万
2500	72.8	
3000	75.3	約 32.2 万
3500	77.3	
5000	81.7	約 35.8 万
7000	85.5	
1 万	91.7	約 40.2 万
⋮	⋮	
3 万 9930	100.0	43 万 8135

『現代雑誌 90 種の用語用字』データによる．

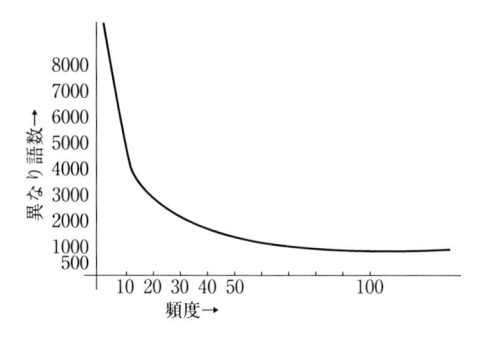

図 2.1 異なり語の頻度分布 (田中, 2002a) 『現代雑誌 90 種の用語用字』データによる．

(注1) 基本語彙と紛らわしい概念として基礎語彙がある．これは，生活するうえで必要最低限必要となる語の集まりのことをさす．たとえば，「こども・児童・チャイルド」から「こども」だけを，「書く・記す・筆記する」からは「書く」だけを抽出した集合のことで，半人工的な語彙をいう．これについては伊藤 (2002) が参考になる．

これに対して，使用頻度が33回以上の語は1816語で異なり語数のわずか4.5％に過ぎない．しかし，延べ語数における高頻度語の占める割合をみると，使用頻度順位が上位2000語では延べ語数約30万1000語（70.0％），上位5000語では約35万8000語（81.7％）を占めている．すなわち，数少ない高頻度語がくり返し用いられる一方で，1，2回しか用いられない低頻度語が異なり語数の大部分を占めるということがわかる．

2.1.6 カバー率

使用頻度の高い上位語で述べ語数をどれほどカバーするかという比率を**カバー率**という．少ない語彙量で効率よく文章を表現読解する方法として，カバー率の

表2.3 各国語版『星の王子さま』の高頻度語（田中，2002a）

	日本語		英語		ドイツ語		フランス語		スペイン語	
1	281	ノ	209	I	219	ich	209	je	127	de
	198	タ	152	the	188	der	166	il	70	que
	186	ハ	146	be	100	ein	161	le	63	un
	169	テ	123	a	89	sein	147	de	60	el
5	160	ニ	95	to	61	und	122	un	57	y
	139	サ	87	he	55	haben	110	étre	51	la
	132	マス	86	of	52	zu	87	avoir	48	es
	123	ト	85	that	46	es	59	ce	46	no
	105	ガ	69	it	36	du	57	et	44	a
10	103	ボク	68	and	34	das	51	ne	40	en
	91	デス	59	have	30	klein	49	à	39	me
	70	イウ	47	you	30	nicht	49	que	36	una
	66	デ	45	they	28	so	34	petit	35	mi
	62	スル	41	in	26	aber	29	pas	34	los
15	57	ナイ	39	little	26	von	25	mais	31	por
	56	イル	37	this	23	dass	24	ça	29	se
	54	コト	32	from	23	man	23	comme	26	las
	50	ダ	32	will	23	wenn	23	faire	20	si
	50	モ	31	but	22	Planet	23	se	20	pero
20	45	カ	31	so	22	Schaf	23	si	19	dibujo
	43	ン	27	not	21	werden	23	tout	19	cordero
	41	ソノ	25	drawing	21	wie	22	dessin	18	con
	40	ナル	25	make	20	gross	22	mouton	18	como
	39	絵	24	do	20	in	21	sur	17	principito
25	38	王子様	23	as	20	mit	20	grand	16	muy

中野　洋（1976）による．

観点から高頻度語の抽出作業が試みられることもある．1回しか用いられないような語彙を習得するよりも，少数の高頻度語を早く習得したほうが言語の学習には効率がよいという発想である．

しかし，高頻度語には，どのような文脈でも高い頻度で用いられる語と，特定の文脈でのみよく用いられる語という差がみられる．特定の文脈でよく使われる語には，たとえば芥川龍之介『羅生門』での「下人」や「老婆」などがあり，延べ語数が約44万語という大規模なサンプル調査『現代雑誌90種の用語用字』においても，動詞「編む」は編み物記事を所載する婦人雑誌を含んでいることから高頻出語となっている．このように，調査する対象によって使用頻度の高さが変動する場合もあることは注意する必要がある．

このカバー率の点から日本語語彙の特徴が指摘されることがある．中野（1976）は『星の王子さま』の6か国版で付属語を含めて分析し，80％をカバーするために日本語は上位191語ですむのに対して，英語では246語，フランス語では320語，スペイン語では350語，ドイツ語では370語，ポルトガル語では380語が必要となることから，日本語における基本語彙のカバー率の高さを指摘する（表2.3）．

その一方で，玉村（1984）をはじめとした日本語のカバー率の低さを論じたものがある．表2.4から欧米語は主要3000語で約90％をカバーするのに対して，日本語は5000語でも約80％しかカバーできていない．その理由は日本語には抽象表現の語が少なく，個別的具体的な語が多いなどの点が考えられるとする．

カバー率の低さは，亀山・長谷川（2008）による付属語を含めた調査（表2.5）でも指摘されており，英語が上位3000語で89.8％をカバーするのに対して，日本語は『現代雑誌90種の用語用字』によると，83.9％のカバーにとどまるとしている．

表2.4 各言語の必要語彙カバー率（沖森編，2010b）

言語 語数（上位）	英語 （％）	フランス語 （％）	スペイン語 （％）	中国語 （％）	日本語 （％）
1〜1000	80.5	83.5	81.0	73.0	60.5
1〜2000	86.6	89.4	86.6	82.2	70.0
1〜3000	90.0	92.8	89.5	86.8	75.3
1〜4000	92.2	94.7	91.3	89.7	—
1〜5000	93.5	96.0	92.5	91.6	81.7

2.1.7 品詞の分布

日本語の語彙の品詞の分布はどのようになっているのかを調査したものがある．図2.2によると，日本語と中国語は名詞比率が約50％と高く，欧米語は動詞などの比率が高い言語ということになる．

そして，3.5節「語彙史」の図3.4（p.112）のように，宮島（1967）によれば日本語は，動詞や形容詞は比較的古くから同じ語が使用されていたのに対して，名詞は歴史的にさかのぼった場合に古くは存在していなかったものが多く，逆にいえば，中世以降に新たに生じた名詞が多いと指摘している．それは，中世以降の語彙の多様化，とくに幕末・明治期に生じた翻訳語・和製漢語の急速な一

表2.5 語数とカバー率（中山，2009）

語数	自立語	自立語＋非自立語		
	90種	90種	70誌	英語
1〜1000	60.5	74.5	71.5	78.4
1〜2000	70.0	80.5	78.0	85.9
1〜3000	75.3	83.9	81.7	89.8
1〜4000	77.3	86.2	84.2	92.1
1〜5000	81.7	87.8	86.0	93.7

亀山・長谷川（2008）による．

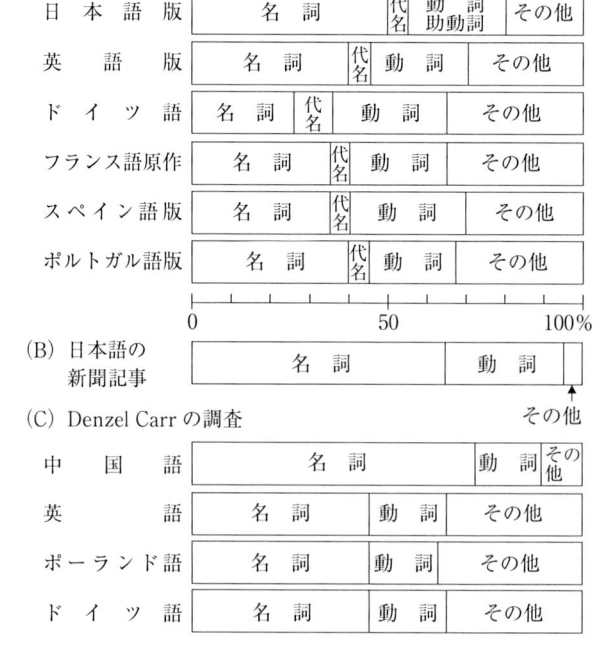

図2.2 諸言語の品詞構成（田中，2002a）
(A)中野（1976）による．(B)樺島（1955）による．(C)鐘ケ江（1951）による．

般化，戦後の外来語流入などによるものと考えられる．漢語は名詞のほか，動詞などにも含まれるが，外来語は名詞に多く，日本語は名詞比率が高いために，日本語は外来語が増加したと感じさせるのではないかと推測される．

＊演習2.1

基本課題

次の(a), (b)における自立語の異なり語数と延べ語数を数えてみよう．
(a) 雨, 雨, 降れ, 降れ．
(b) 天ハ人ノ上ニ人ヲ造ラズ, 人ノ下ニ人ヲ造ラズト云ヘリ．

発展課題

(i) 日本語はカバー率が高いのか，低いのか，理由とともにまとめてみよう．
(ii) 日本語は英語に比べて品詞の占める割合において，なぜ名詞が多く，動詞が少ないのか，その理由について考えてみよう．

2.2 語彙の意味分類

2.2.1 意味体系Ⅰ：星図になぞらえる

語彙を量的な観点ではなく，**意味関係**からとらえようとして，林（1957）は星図になぞらえて語彙を図示化した（図2.3）．主として『総合雑誌の用語』から語彙を採録し，円の大きさでその使用率を反映させている．この図は「男・女・子供・父・母」に関する部分で，上位語と下位語，一般語と位相語という類義語・関連語の関係をとらえようとする試みである．

このような意味関係でのとらえ方は，ほかにも試みられており，宮島（1977）は「うんと単純化した模型」と断って図2.4を提示している．上位語「食器」に対して下位語「どびん・ちゃわん・さら・はし・はんごう・鉄びん・フォーク」があがる．また，「どびん・ちゃわん・さら」は「花器・はいざら」とともに，「せともの」の下位語にもなる．同様に上位語「けもの」に対して下位語「くま・きつね・うま・いぬ」があり，「いぬ」は「うぐいす・かめ・めだか・金魚」とともに「ペット」の下位語にもなる．

もちろん，この図には示されていない，さらに細かな情報を足すことも可能で

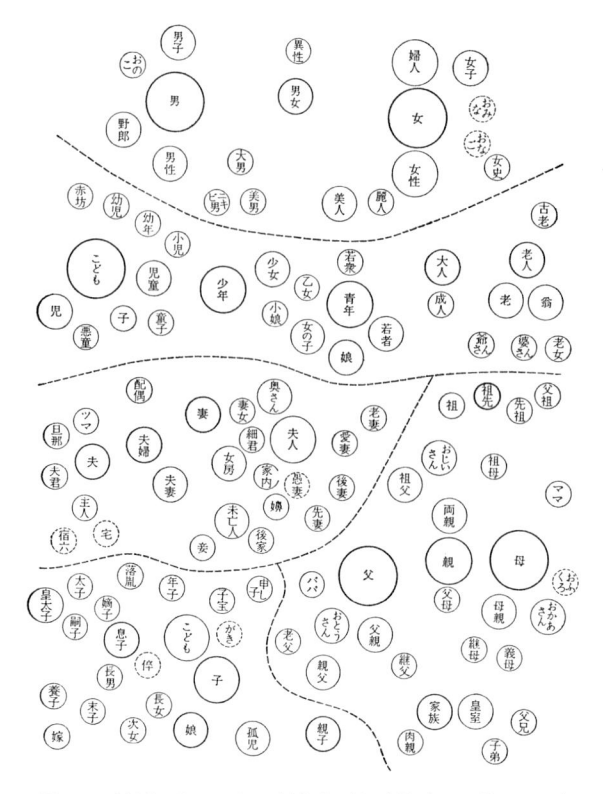

図 2.3 星図になぞらえた語彙表（部分的試み，林，1957）
語彙は主として『総合雑誌の用語』による．円の大きさはほぼその使用率による（4等）太い線は見出しとなるべきものを示す．

あり，たとえば上位語「食器」の下位語「はし」の下位語として「わりばし」のほか「ぬりばし・さいばし」があり，近年であれば「マイはし」や「エコばし」も入り得る．

また，特定の語が，どのような意味的特徴をもつかという観点でまとめる方法として玉村（1987）は，和語「山」を語感，複合名詞，動詞句，連体修飾語，対義語などとの関連性でまとめたものを提示している（図2.5）．

2.2.2 意味体系Ⅱ：連想関係

連想で語のつながりをまとめるという方法もある．玉村（1975）は「借金とり」

2.2 語彙の意味分類

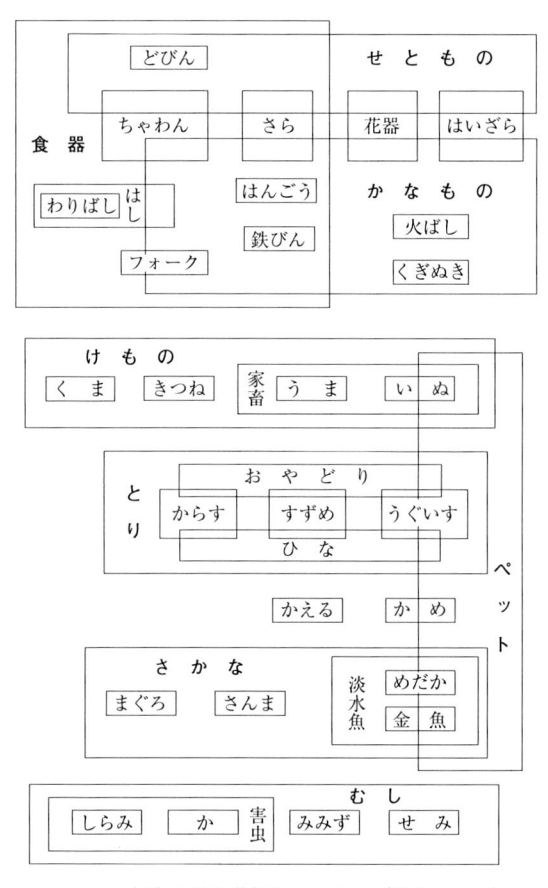

[図: 意味関係の図示。食器（どびん、ちゃわん、さら、わりばし、はし、はんごう、鉄びん、フォーク）、せともの（花器、はいざら）、かなもの（火ばし、くぎぬき）／けもの（くま、きつね）、家畜（うま、いぬ）、とり（おやどり、からす、すずめ、うぐいす、ひな）、ペット、かえる、かめ、さかな（まぐろ、さんま）、淡水魚（めだか、金魚）、むし（しらみ、か、みみず、せみ）、害虫]

図 2.4 意味関係を単純化した図示（宮島, 1994）

という語を取り上げた連想調査の結果を「ことばの連合図」としてまとめている（図 2.6）．ここでは，類義語「とりたて・集金人・かけとり」，共通する複合語「あととり・名とり・関とり・月給とり・子とり」や「借金返済・借金主・借金倒れ」のほかに，感情的連想「非人情・陰険・いや・しつこい・うるさい」などもまとめられている．

　これは，一定の範囲内での語彙の体系的な把握方法であり，後述する「数詞・親族名称・色彩語彙」などもそのなかの一つということになる．

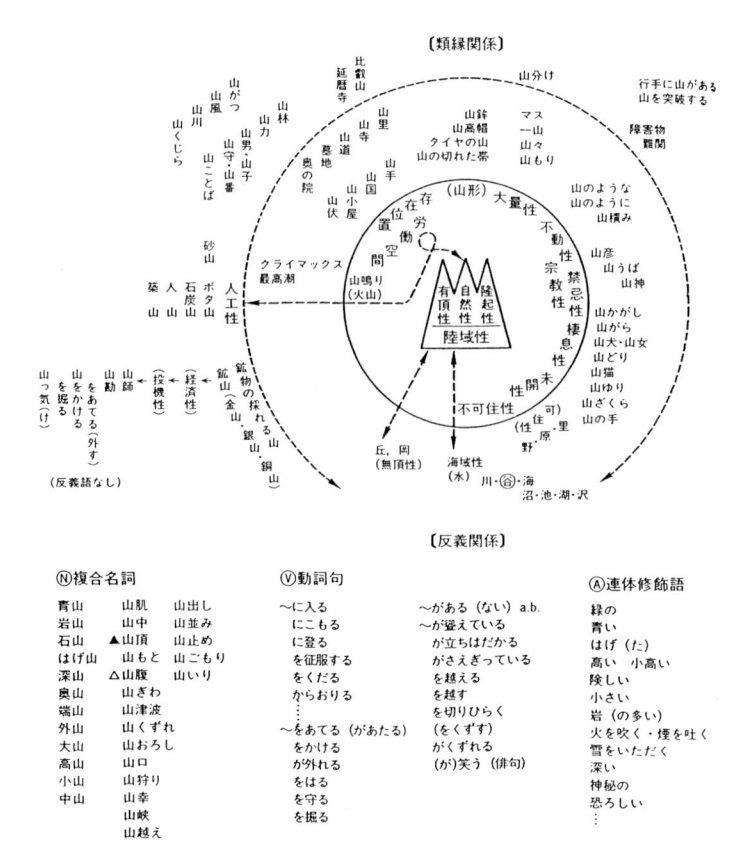

図 2.5　語の関連性（玉村，1987）

2.2.3　意味分類 I：シソーラス

　語彙を一定の範囲内ではなく，たとえば日本語全体のまとまりとして体系的にとらえる方法もある．一般にこれを**シソーラス**とよんでいる．

　シソーラス（thesaurus）の原義はラテン語で〈宝庫〉であるが，ここでの由来は，ロジェ（Peater Mark Roget）が 1852 年に作成した『Thesaurus of English Words and Phrases』である．図 2.7 はロジェ自身が論文作成のためにまとめた語彙リストを基にしたものであり，大きく「抽象関係・空間・事物・知力・意志・感情」の 6 種に分け，下位として「話題」で分類し，分類番号を割り当てて関連語を排列している．語は意義分類で排列してあるために，目的とする語にた

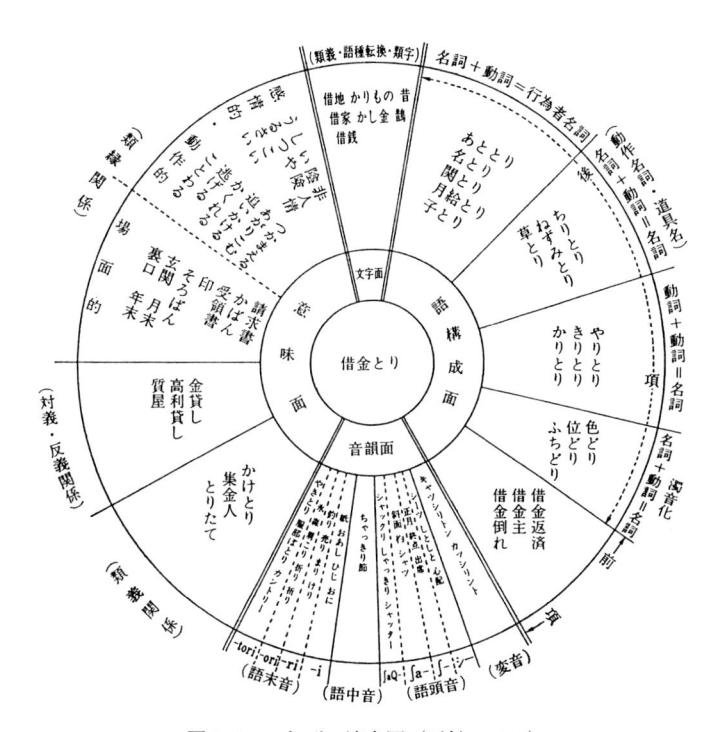

図 2.6 ことばの連合図（玉村，1975）

どり着くための索引が用意されている．そして，この本の最大の目的は，ある観念，事物を表現するための最も適切な表現を探すための参考書である．

また，シソーラスが普通の辞書と決定的に異なる点は，辞書は語について語義を示し（多義語では語義を順に排列し），用例を併記するのに対して，シソーラスは類義語が並んでいるだけで，語義は示されていない．そのうえで，多義語の場合は，本文中の該当する箇所に複数排列されるため，索引では該当ページが複数示されることになる．

このシソーラスは，語彙が全体として分類されていることから，個別言語ごとの語彙の分布を考察する際に利用される．

2.2.4 意味分類II：分類語彙表

現代日本語のシソーラスとしては，まず『分類語彙表』（国立国語研究所，

130. **Youth**—N. *youth*, freshness, salad days 126 n. *newness*; young blood, youthfulness, juvenility, juvenescence; juniority 35 n. *inferiority*; infancy, babyhood, childhood, childish years, tender age 68 n. *beginning;* puppyhood, puppy fat; boyhood, girlhood, school-going age; one's teens, teenage, adolescence age of puberty, boyishness, girlishness, awkward age, growing pains; younger generation, rising g. 132 n. *youngster*.

　nonage; tender age, immaturity, minority, infancy, pupilage, wardship, leading strings, status pupillaris, cradle, nursery, kindergarten.

　Adj. *young*, youthful, boyish, girlish; teenage, juvenile, adolescent, pubescent; budding, flowering; beardless, unripe, green, callow, awkward, raw, unfledged 670 adj. *immature;* under-age, minor, infant, in statu pupillari; younger, minor, junior, puisné, cadet; youngest, minimus; childish 132 adj. *infantine;* evergreen, unwrinkled, ageless.

890. **Darling. Favourite**—N. *darling*, dear, dearest, dear one, only one; love, beloved 887 n. *loved one;* sweetheart, fancy, sweeting, sweetie, sugar, honey, honeybunch; precious, jewel, treasure; mavourneen, babe; angel, cherub; poppet, popsy, pet, lamb; ducks, ducky, dearie, lovey.

　favourite, darling, mignon; spoiled darling, mother's darling, teacher's pet; jewel, apple of one's eye, blue-eyed boy; persona grata, one of the best, the tops, sport; first choice, top seed 644 n. *exceller;* someone to be proud of, boast; hero, idol, star, top-liner, hit, knockout; general favourite, cynosure, toast; world's sweetheart, Queen of Hearts; centre of attraction, honey-pot 291 n. *attraction;* catch, lion 859 n. *desired object*.

(「ROGET'S THESAURUS——Entirely rewritten within Roget's original structure (revised by Robert A. Dutch)」による)

図 2.7　シソーラス「Youth」「Darling」(田中章夫, 1978)

1964) がある．これは『現代雑誌 90 種の用語用字』(国立国語研究所, 1962〜64) の語彙表の使用頻度の高い語や，『教育基本語彙』(阪本, 1958) の語彙などから収集した約 3 万 2600 語を 798 項目に分類したものである．そして 2004 年に増補改訂版が出され，延べ約 9 万 6000 語を分類している．本文は 327 ページであるのに対して，索引は 342 ページであるように，本文より索引のほうがページ数が多くなっている．各語に分類番号が割り当てられており，たとえば「語彙」は，1.3070-04 (体の類，人間活動—精神および行為，言語，意味・問題・趣旨など)，1.3110-11 (同，言語，語)，1.3160-27 (同，言語，文献・国語) の 3 か所に排列されている．最初の数字は「1. 体の類 (＝名詞)」「2. 用の類 (＝動詞)」「3. 相の類 (＝形容詞)」「4. その他 (＝接続詞・感動詞など)」というように品詞で分類されている．分類項目一覧の一部と，本文の一部を図 2.8 に示した．本文は語の一覧になっており，語義や用例は記されていない．

2.2 語彙の意味分類

2.2.5 意味分類Ⅲ：日本語大シソーラス

『日本語大シソーラス』（山口，2003）は，辞書や文学全集などから収集した約20万の異なり語句数を1044項目に分類したものである．品詞分類は行わず，「抽象的関係」「位相・空間」「序と時間」「人間性」「知性・理性」「人間行動」「社会的活動」「自然と環境」の大分類の中で排列している．本文は986ページ，索引が550ページであり，本文中に語義や用例は記さないが，関連語，対をなす語，仏教語，聖書用例，古語といった注記を示し，索引には掲載ページの項目名を併記している．たとえば，「語彙」は，索引で「集合 0228.01」「語彙 0473.01」とあり，どちらをみればよいかわかりやすくなっている．次頁の図 2.9 に本文の冒頭を示しておく．

```
1.1110  関係─────────────────
   01    関係  対当
         無関係  ノータッチ  没交渉
   02    かかわり  関連  連関  リンク  相関
         関与・干与  掛かり合い  連係
         連続
   03    人間関係  家族関係  マンツーマン  対人関係
         間柄  間（あいだ）  続き柄  続柄（ぞくがら）
   04    仲  夫婦仲  夫唱婦随  恋仲  いい仲  深間
         犬猿の仲  不仲  なさぬ仲
   05    縁（えん）  えにし  機縁  因縁（いんねん）
         有縁（うえん）  無縁  不縁
         悪縁  奇縁  合縁奇縁
         ちなみ
   06    係累  縁故  遠縁
         腐れ縁  良縁  内縁
         縁続き  きずな  しがらみ  つながり  コネ
           ［コネクション］  つて  手づる
         二世の縁  他生の縁  仏縁
         血縁  血続き  地縁  近縁
   07    相互関係  相関関係
         位置関係  上下関係  前後関係  縦の関係
           横の関係  三角関係
         因果関係  系統関係  類縁関係
         利害関係
         国際関係  夫婦関係
   08    直接  直（ちょく）  直（じき）［～の弟子］  直（じか）
         間接
         依拠  依存  従属  準拠
         立脚
         不即不離
         親（しん）  疎
```

図 2.8 『分類語彙表』（増補訂正版）体の類，抽象的関係（国立国語研究所，2004）

2.2.6 意味分類Ⅳ：類語大辞典

『類語大辞典』（柴田・山田，2002）は約 7 万 9000 の語句を 900 余りの項目に分類したもので，本文中に語義や用例を示す点が，上記のものと大きく異なる点である．本文 1495 ページに対して索引は 280 ページであるが，索引は「ガイド」と題して本文より前に綴じてある．本書で「語彙」は 6416k02 に排列され，本文では，語彙・用法・誤用例などが示されている．また，分類番号にあるアルファベットは品詞を示しており，a, b は動詞，c は形容詞，h～は名詞などとなっており，品詞分類を行っている（図 2.10）．

0001　関係がある

01　関係ある
関係　係わり合い　掛かり合い　掛け合い　掛け構い　引っ掛かり；間柄　間；続き柄　続柄　続き合い　続き間　繋がり　繋がり合い　リレーション　リレーションズ　リレーションシップ　絆0762.05；結ぶ　結び付き　結び付く　紐帯　紐帯；絡み　絡み合い　搦み　〜絡　〜搦　柵；同系　同根　流れを汲む　同流　同類0032.07；仲　交際　姉妹〜；関係ある　関係がある　関係する　関係付ける；交流がある　交わりがある　交わる　近付く；係わり合う　繋がる　繋げる　繋がりを持つ　繋がりのある　引っ掛かる　引っ懸かる；絡む0224.11　絡み合う　絡み付く　絡んでくる　絡んだ　絡み合わせる　絡ませる；亙る；就いて　関して　於いて　於ける　上　上から言えば　から言って；就けても　かけては；〜儀『リスト』人間関係0713　上下関係0041.01；力関係　力学　ディペンデント　息のかかった0001.15；微妙な関係

02　縁がある
縁　縁　縁　縁；縁・因・便　因み　因　御縁　由縁　所縁　機縁；縁合　因縁　絆0762.05；縁の露　縁の糸；因む　因る；縁がある　有縁　縁が近い　因縁浅からぬ　縁が深い　近い関係　身近0082.03　近い0082.01

図2.9　『日本語大シソーラス』抽象的関係

k　名詞の類：モノ

●集まったもの

00 [集まり]　何かが集まったところにできる、それらのひとつひとつからなる全体。「写真は小さな点の〜からできている」

01 [集合]　図(数学で)一定の範囲にある、複数の要素からなる全体。「自然数を偶数と奇数の〜に分ける」「漢字の〜はアルファベットの〜よりはるかに大きい」

02 [語彙]　一定の観点から見た、語の集合。「あの人は〜が豊かだ」『源氏物語の〜は古典の中でも群を抜いて多い』『日本語の〜の画期的な分類に基づく辞書』▷基本〜・身体〜　◇ひとつひとつの語について「この語彙は」などと言うのは、本来は誤りである。

03 [ボキャブラリー]　(個人が実際に使用できる)語彙。「豊かな〜を駆使した作品」「〜が貧しい若者」▶vocabulary

図2.10　『類語大辞典』「集まる」の名詞の類，モノの部分

2.2.7　語彙の意味的把握のための分類表

　さて，ここまで意味的語彙論のうえで論じられるシソーラスの代表的なものを概説したが，シソーラスの由来であるロジェのものとの関係でいえば，『日本語大シソーラス』(山口編，2003)，『類語大辞典』は文章表現のためという点で目的が一致しているのに対して，『分類語彙表』は語彙を体系的に示すという点に主眼が置かれている．そのため，『分類語彙表』のほうが，語彙研究のうえでは向いているといえる可能性がある[注2]．そのように考えると，意味的語彙論で分類表として示されるべき述語として「シソーラス」は，もしかするとやや不適切というべきなのかもしれない．

(注2)　シソーラスや分類語彙表を利用した語彙研究については宮島(1992)に詳しい．

*演習 2.2

基本課題
(I) 「いろ（色）」または「楽器」をテーマに，星図などになぞらえて図に描いてみよう．
(II) 「こども扱い」または「恥知らず」について，連想関係による「ことばの連合図」をつくってみよう．

発展課題
シソーラスがどのような基準によって分類されているか，それぞれの本で調べてみよう．

2.3 数量詞と名数

2.3.1 数　　詞

「ひと・ふた」や「いち・に」のように，数量や順序を表す語を**数詞**（本数詞）という．これには，おもに和語系と漢語系の2系統がある．

和語系では次のような，倍数での音韻対応が認められる[注3]．

　　ひと（1）・ふた（2）：h_t_
　　み（3）・む（6）：m_
　　よ（4）・や（8）：y_

そして，「ふた」は10倍すると「はた（20）」[注4]となり，これは古い日本での数え方が20進法だったことの名残かともされる．古くは，10以上の数は，とおちあまりひとつ（11），はたちあまりひとつ（21），みそち（30），ももち（100），やほ（800），ち（1,000），よろづ（10,000）などと言い表された．

漢語系は「いち・に・さん・し・ご……」となるが，西日本で「し」→「ち」という音交代が生ずる地域では「しち（7）」を「ひち」ということがある．

数詞はその用法によって，「ひとつ・2本」のように数量を表す**基数詞**と，「第1・2番」のように順序を表す**序数詞**に分けられる．

[注3]　各言語における古来からの数詞体系は，たとえば言語系統論の観点で利用されることがある．
[注4]　「はたち」（二十歳）など．また，「はつか」（二十日）も，「pata（20）＋uka（日）→ patuka」（古いハ行子音を仮にpで表した）に由来する．

2.3.2 助数詞

基数詞には，特定の事物の数量であることを示す接尾語，すなわち**助数詞**がついて用いられる．助数詞は，数える対象の意味素性によって特定のものが選択される．飯田（2004）『数え方の辞典』は助数詞の使い分けについて，たとえば次のようなチャートを提示している．

 慣用的：タンス「棹」，蚊帳「張り」，イカ「杯」，ウサギ「羽」など
 動物：人間「人」，鳥類「羽」，大型動物「頭」，その他の動物「匹」
 機能・使用目的：乗り物「台・機・艘・隻」，施設「基」，弾丸「発」，郵便「通」，
  書籍「冊・部・巻」，靴・靴下「足」など
 形状：細長いもの「本」，平面的なもの「枚」，三次元的なもの「個」など
 抽象的な事象・項目：行為・頻度「回・度・遍」，抽象項目「点・件」

対象である名詞は助数詞と対応関係があることから先行詞，助数詞は語の意味分類を提示することから類別詞とよばれることがある．また，その対応関係によって，語が複数の意味素性をもつ場合，用いる助数詞が異なることもある．

 イカが一匹泳いでいる．（生き物として）
 イカを一杯買った．（食料として）

助数詞には豊富なバリエーションがあるが，今日では「つ・個」という汎用性の高いもので代用されつつある．たとえば，発表の場で「このような用例はほかに3個みられる」とか，年齢・学年差について「佐藤さんは2個下だ」とかいうような用法がみられるようにもなってきている．日本における助数詞の多彩さをはじめて指摘したのは16世紀後半に来日したキリスト教宣教師たちで，ロドリゲスの『日本大文典』（1604）やコリャードの『日本文典』（1632）に詳しく記述されている．

2.3.3 数量詞

「1本・2足・3艘」のように，数詞と助数詞から構成されるものを**数量詞**という．これは名詞の働きをするが，その用法は名詞的なものにとどまらない．

 (1) 太郎は3冊の本を買った．
 (2) 太郎は本3冊を買った．
 (3) 太郎は本を3冊買った．

上記のようにざまざまな位置で用いられるが，この使われ方を「遊離数量詞」

とよぶことがある．とくに，(3)のように助数詞が助詞を伴わずに用言を修飾するのは副詞的用法となる．この副詞的用法は基数詞に現れるもので，序数詞（例：第1・2位・3番）ではみられない．

　特定の事物を示す「すべて・全部・大部分・半分・多少・いくらか」などのような数量を表す語や，「いくつ・いくら・何人」のような不定数を表す語も合わせて数量詞とよぶこともある．

2.3.4　名　　数

同じ種類の代表的なもの，または，まとまった事物をあげて，「数詞＋名詞（造語成分）」で言い表した語を**名数**とよぶ．
(1)　代表的なものをあげる
　　　三筆：嵯峨天皇・橘逸勢・空海
　　　三社：伊勢神宮・石清水八幡宮・賀茂神社
(2)　まとまった事物を網羅的にあげる
　　　五節句：人日（1/7）・上巳（3/3）・端午（5/5）・七夕（7/7）・重陽（9/9）
　　　六書：象形・指事・会意・形声・転注・仮借
　　　七福神：恵比寿・大黒天・毘沙門天・弁財天・布袋・福禄寿・寿老人

＊演習2.3

基本課題
(1)　次の(a)～(h)はどのような助数詞をとるのが適当か，(イ)～(チ)から選んで答えなさい．
　　(a)　椅子　　(b)　植木　　(c)　エレベーター　　(d)　折詰　　(e)　鏡
　　(f)　箪笥(たんす)　(g)　茶碗　(g)　灯籠　(g)　プール　(h)　蒲団
　　(イ)　折(おり)　(ロ)　株(かぶ)　(ハ)　基　(ニ)　脚(きゃく)　(ホ)　口(く)　(ヘ)　組(くみ)　(ト)　棹(さお)　(チ)　面
(2)　任意に名数をあげて，その意味を記してみよう．

発展課題
　　数量詞が副詞的にも用いることができるのはどのような場合か，考えてみよう．

2.4 代名詞・指示詞

2.4.1 代名詞

代名詞は名詞の下位分類とされるが，学説によっては品詞の一つとして立てることもある．そして学校文法では大きく**人称代名詞**と**指示代名詞**に分ける．なお，時枝誠記は「この」「こう」なども代名詞とするが，これらは**指示詞**（後述）とよぶほうがわかりやすい．

2.4.2 指示詞

指示代名詞は「これ・それ・あれ・どれ」の類をさし，名詞的用法に限定されている．しかし，コソアドの体系は名詞の枠組みだけに収まらずに，副詞・連体詞に相当する語にもみられる．

　　名詞的用法：この／その／あの／どの　　本を読んだ
　　副詞的用法：こう／そう／ああ／どう　　考えた
　　連体詞的用法：こんな／そんな／あんな／どんな　　本を読んだ

このように対照させると，コソアドが一つの体系をなしているととらえられる．むしろ，語彙の面からはコソアド体系を一括して**指示詞**とよぶほうがわかりやすく合理的であるともいえる．

2.4.3 指示詞の体系

コソアド体系は物理的・心理的距離感に基づいている．

「こ」系は話し手の領域に，「そ」系は聞き手の領域に，「あ」系は話し手からも聞き手からも遠い，もしくは共通に了解している領域にあることを示している．これに対して，「ど」系は不定・疑問を示す．

表 2.7　現代語の指示詞

系	代名詞	副詞	連体詞
こ	これ・ここ・こちら	こう・このように	この・このような
そ	それ・そこ・そちら	そう・そのように	その・そのような
あ	あれ・あそこ・あちら	ああ・あのように	あの・あのような
ど	どれ・どこ・どちら	どう・どのように	どの・どのような

2.4 代名詞・指示詞

表 2.8 古典語の指示副詞（岡崎，2009）

系列	指示代名詞	系列	指示副詞
こ	こ・これ・ここ	かく	かく（かう）・かやうに・かばかり，など
そ	そ・それ・そこ		
か（あ）	か・かれ・かしこ（あ・あれ・あしこ）	さ	さ（しか）・さやうに・さばかり，など

また，「あ」系は次のように婉曲的に否定する表現にも用いられる．

あいつは あれ だからな．

2.4.4 指示詞の歴史

古典語（平安時代）の指示詞は，表 2.8 のようにまとめられる．

指示代名詞は「こ・そ・か」体系であり，それがのちに「こ・そ・あ」に変化して現代語につながるのに対して，指示副詞は「かく・さ」体系から，「こう・そう・ああ」の体系へと変化して現代語につながっている．不定・疑問は「た・いづ（ど）」を基本とする．

2.4.5 人称代名詞

人称代名詞では，指示詞のコソアド体系に，自称（一人称）・対称（二人称），他称（三人称）の枠組みが加わる．三人称の人称代名詞では「こいつ・そいつ・あいつ・どいつ」という指示詞の体系が認められる．そして，自称詞と対称詞は待遇意識が強く反映するものであることが次の例からよくわかる．

自称詞：わたくし・わたし・ぼく
対称詞：あなた・おまえ・きみ

また，他称詞は，「こいつ・そいつ・あいつ・どいつ」と並べると，「こいつ」は自称の側，「そいつ」は対称の側，「あいつ」は他称の側に属させる用法も可能である．

2.4.6 人称代名詞と待遇意識

人称代名詞は，代名詞という扱いになっているが，日本語では待遇意識が強くかかわり，英語と同様の用い方にはならない．たとえば，英語を直訳すれば，

△△首相が本日，所信表明を行った．彼は○○○を訴えるのであるが……，

となる表現であっても，首相である目上の人を表現する場合，首相を「彼」と表現することはまれである．同様に，「あなた」という二人称代名詞が，職場で上司と部下の雑談中に，次のように上司は部下を「あなた」とよびかけることができても，部下が上司のことを「あなた」とよびかけることはできない．

　<u>あなた</u>のお子さんは元気ですか．
　<u>部長</u>のお子さんはお元気ですか．

部下が上司に対して話す場合は，「部長」や「課長」などの役職名称でよぶのが普通である．

表2.9　人称代名詞（岡村，1972）

関係	範疇	人		物事	場所	方角	状態		ナシ
自称		わたくし わたし ぼく							
対称		あなた おまえ きみ							
定称	他称 近称	かれ	このかた このひと こいつ	（こ） これ こいつ	ここ	こちら こっち	こう	こんな こういう こうした	この
	他称 中称	かのじょ	そのかた そのひと そいつ	（そ） それ そいつ	そこ	そちら そっち	そう	そんな そういう そうした	その
	他称 遠称	やつ	あのかた あのひと あいつ	（あ） あれ あいつ	あそこ	あちら あっち	ああ	あんな ああいう ああした	あの
不定称		（だれ） どなた	どいつ	（ど） どれ どいつ	（どこ）	どちら どっち	どう	どんな どういう どうした	どの
構文上の特徴		名詞的				副詞的	連体詞的		

具体例は親族呼称の項に譲るが，目上に対しては「役職名（＋さん）」などの語でよびかけるのが通例となっており，そのことは目上に対して使うことのできる人称代名詞が実際には存在しないという考え方につながる．そして，具体的な一人称・二人称代名詞は歴史的にみて激しく変化していることもみてとれる．

たとえば，二人称代名詞である「きみ」「きさま」などは，元来，相手を敬う語であったが，長年使われ続けて敬意が逓減(ていげん)した結果，目下の者にしか使えなくなっている．また，「きみ」「きさま」は元来，君主などの役職名をさしていた語であり，純粋な二人称代名詞由来語といいにくいのも実際である．

＊演習2.4

基本課題

(I) 「あ」系の指示詞を次のように用いた場合どんな意味か考えてみよう．
 (a) ［向こうにいる人を指さして］「ほら，あの人だ．あなたも覚えているでしょう？」
 (b) ［友達との会話で］「あの本，見つかった？」「あの本って？」

(II) 一般社会で二人称として「きみ」が使えるのはどんな場面か考えてみよう．

発展課題

古くに用いられた一人称と二人称の代名詞を調べてみよう．

2.5 親族名称と親族呼称

2.5.1 親族語彙と親族呼称

親族語彙とは，核家族の構成員で示せば父・母・息子・娘などがあり，大きな親族単位で考えれば日本語では図2.11のようになる．

ところが，「父」は息子や娘からみると「おとうさん」となり，妻からみると「夫」のはずであるが，家族内では妻が夫を「おとうさん」とよぶことがある．これは日本語を母語としない者からみると非常に奇異な現象であろうが，このような家族内で相手によびかけるときに用いることばが**親族呼称**である．

62　第2章　さまざまな語彙

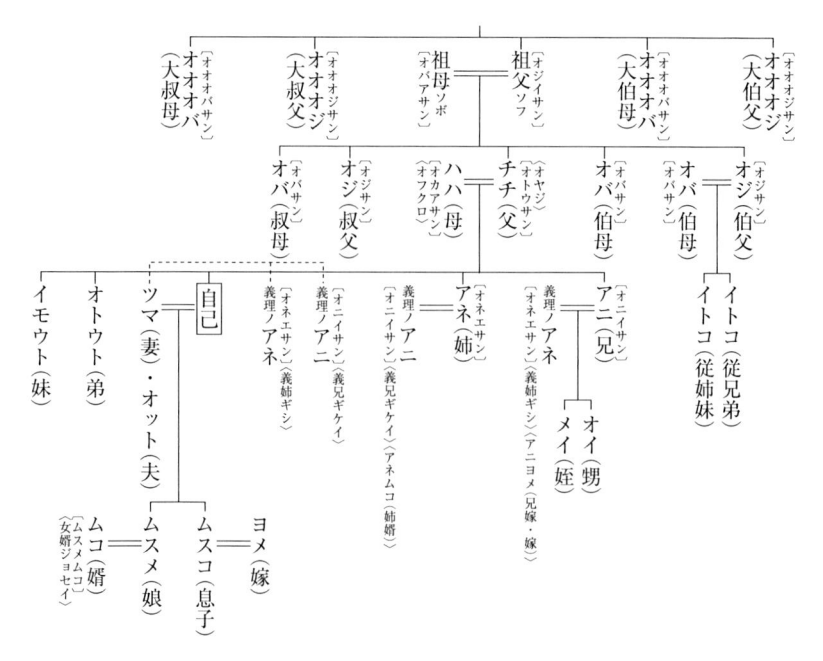

[親族関係図：オオオジ(大叔父)／オオオバ(大叔母)〔オオオジサン・オオオバサン〕—オオオジ／オオオバ〔オオオジサン・オオオバサン〕—祖父(チチ)〔オジイサン〕＝祖母(ソボ)〔オバアサン〕—オオオバ(大伯母)／オオオジ(大伯父)〔オオオバサン・オオオジサン〕

オバ(叔母)〔オバサン〕—オジ(叔父)〔オジサン〕—ハハ(母)〔オカアサン／オフクロ〕＝チチ(父)〔オヤジ／オトウサン〕—オバ(伯母)〔オバサン〕—オバ(伯母)〔オバサン〕—オジ(伯父)〔オジサン〕

イモウト(妹)—オトウト(弟)—ツマ(妻)・オット(夫)＝自己—義理ノアネ〔ギシ〕／義理ノアニ〔ギケイ〕—アネ(姉)〔オネエサン〕—アニ(兄)〔オニイサン〕／義理ノアネ〈アネヨメ／兄嫁・嫁〉／義理ノアニ〈義兄ギシ〉—イトコ(従姉妹)／イトコ(従兄弟)

オイ(甥)／メイ(姪)

ヨメ(嫁)＝ムスコ(息子)—ムスメ(娘)＝ムコ(婿)〔ムスメムコ／女婿ジョセイ〕]

図2.11 現代の親族語彙(『大辞林　第三版』(三省堂, 2006)による.)

2.5.2 親族語彙

親族語彙は体系的であり，たとえば和語についてみると，次のように男女での対応が認められる（括弧内は歴史的仮名づかい）．

　　［子からみた場合］：ちち–じじ（ぢぢ）
　　　　　　　　　　　–おじ（をぢ）
　　　　　　　　　　　はは–ばば–おば
　　　　　　　　　　　（をば）
　　［親からみた場合］：むすこ–むすめ
　　［下の子からみた場合］：あに–あね
　　〈「an」が共通〉
　　［上の子からみた場合］：おとうと–いもうと〈「うと（＝人ひと）」が共通〉

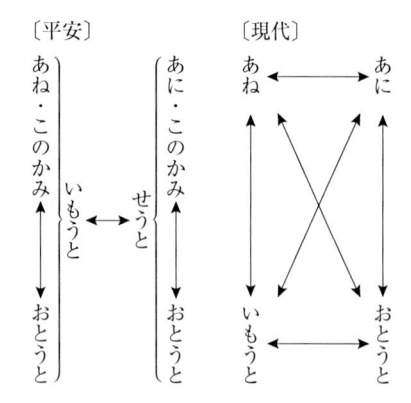

〔平安〕
あね・このかみ ↕ あに・このかみ
いもうと ↔ せうと
おとうと ↕ おとうと

〔現代〕
あね ↔ あに
いもうと ⤢ おとうと

図2.12 兄弟姉妹の親族語彙(沖森, 2011)宮地(1979)ほかをもとに作成.

そして，子からみて，年長者および兄弟と子は，「ちち-はは」「むすこ-むすめ」のように性差でよび分けるのに対して，孫以下にはその区別がない．この理由について，柴田（1982）は出産にまだ関係ない存在だからだと説いている．

歴史的にみると，たとえば兄弟姉妹の体系については，年長者を「あに-あね」，また，性差に関係なく「このかみ」とよび，年少者はすべて「おとうと」とよんだ．そして，男性からみた姉妹は長幼にかかわらず「いもうと」，男性からみた兄弟は「せうと」といい，母を同じくする兄弟か否かでよび分けられていた．

2.5.3 親族呼称

日本語では，前記のように**親族呼称**が親族語彙と大きく異なり，家族内で妻が「夫」を「お父さん」，「父」を「おじいちゃん」，「母」を「おばあちゃん」とよぶことがある．日本語では，自己，もしくはその家族のなかで最も低い位置にある人を基準にして，目上の家族に対して用いられる．

自己を中心とする場合，目上である年長の兄弟・親・祖父母を「お兄ちゃん・お姉ちゃん・お父さん・お母さん・おじいちゃん・おばあちゃん」というように，「親族名称（+敬称）」で呼べる．家族のなかで年少であるなど，もっとも低い位置にある人を基準にする場合には，年少の子に対して年長の子を「お兄ちゃん・お姉ちゃん」，そして親自身を，「おとうさん・おかあさん」，父母を「おじいちゃん・おばあちゃん」とよぶことができる．

これに対して，目下の家族に対しては「弟ちゃん・息子ちゃん・孫ちゃん」などとはよべず，年長の子を基準として年少の子を「弟ちゃん・妹ちゃん」などとも使えない．すなわち，基準となる人物より低い位置の人を親族呼称でよぶことはできず，「一郎・花子」など実際の名前でよぶのである．

2.5.4 一般社会での呼称

親族呼称の用法は，一般社会においても近似したものがみられる．たとえば，学校で，「先生，ここがわかりません」のように，生徒が目上の先生を役職名称である「先生」とよぶことができるのに対して，「生徒よ，なぜわからない」のように，教師が目下である生徒に対して役職名称である「生徒」でよぶことはできない．

そして，こどもに対して父が自身のことを「お父さんが絵本を読んであげる」

というようにこどもを基準とした呼称や，生徒に対して教師が自身のことを「先生のようにやってごらん」のように生徒を基準とした呼称は使うことができる．
同様の用法は，学校・病院・警察・会社などでみられる．

2.5.5 親族呼称の虚構的用法

街で若者が中高年に対して「おばあさん，おもちしましょうか」というように，自分の祖父母ではない人に対して「おじいさん・おばあさん」ともよぶことができ，また，大人が他人のこどもに対して「ぼくのなくしたもの，おじさんが探してあげようか」というように「おじさん」と自称することもできる．

しかし，ここでも目下のものを「こどもよ」などと親族語彙でよべないのは，家族間での用法と同様である．逆に二人称としてそのこどもをよぶときに，本来は一人称である「ぼく」を用いることができるのは，目下の者を基準とした呼称だからである．

＊演習 2.5

基本課題
(I) 親族名称を語構成の観点から分析してみよう．
(II) 親族でない人との間で，「おじさん」もしくは「おばさん」という語はどのような場面，どのような意味で用いられるか，考えてみよう．

発展課題
相手によびかけるとき，その人の職業や社会的地位（たとえば警察官・寿司職人・市会議員）と関係する言い方を用いる場合について考えてみよう．

2.6 色 彩 語 彙

2.6.1 色彩語の進化

各言語で色彩をどのような語彙でとらえているかは，古くから多くの関心が寄せられてきた．そのなかで，言語学の立場からは，バーリンとケイが諸言語での色彩語彙研究から導かれた色彩語の進化の系譜を次のようにまとめている．

　　　第一段階　　　（白　赤　黄）（黒　緑　青）　　2色

2.6 色彩語彙

第二段階	（白）	（赤　黄）	（黒　緑　青）				3色
第三段階 a	（白）	（赤　黄）	（黒）	（緑　青）			4色
b	（白）	（赤）	（黄）	（黒　緑　青）			
第四段階	（白）	（赤）	（黄）	（黒）	（緑　青）		5色
第五段階	（白）	（赤）	（黄）	（黒）	（緑）	（青）	6色
第六段階	（白）	（赤）	（黄）	（黒）	（緑）	（青）	7色

第六段階には「茶」が加わる．
第七段階：（白）（赤）（黄）（黒）（緑）（青）　11色
　　　└─桃─┘　　　└─茶─┘　　紫
　　　　└──橙──┘
　　　　└────灰────┘

2.6.2 古代日本語の色彩語彙

　古代日本語における色彩語彙は「シロ・クロ・アカ・アオ」であったといわれている．そして，アオは「青葉」や野菜をさす「青物」，信号の「青」など緑を内包する語であり，上記の色彩語彙の進化からみると第3段階 a に相当することになる．柴田（1965）によると，基本となる「シロ・クロ・アカ・アオ」の対応関係は次のようであったという．

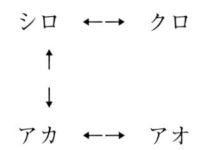

　　シロ　←→　クロ
　　　↑
　　　↓
　　アカ　←→　アオ

　それ以外の色名はなかったのか，それ以外の色はどのようにとらえられていたかについては，「黄」や「茶」が議論の対象となることが多い．そこで考え出されたのが派生語の有無についての考察である（表 2.9）．
　基本の4色は2音節語であり，「色」を下接させなくても複合語をつくることができる．派生語の有無でみても，基本の4色は「―さ」や重複形がみられるなどの共通性が認められる．これにつぐ基本的な色名は「黄・茶」である．「黄」の語源は不明であるが，平安時代から文献上で使用が確認できる．「茶」以下はもとは特定のものの色をさす語であり，たとえば「茶」は「茶染め」の色に，「緑」は〈新芽〉をさす語に由来するという．

表 2.9 色彩語彙の派生関係

色彩語	(1) マッ—	(2) —イ(形容詞)	(3) —ッポイ	(4) —ミ	(5) —サ	(6) 重複形
アカ	○*	○	○	○	○	○
アオ	○*	○	○	○	○	○
シロ	○	○	○	○	○	○***
クロ	○	○	○	○	○	○***
キ (イロ)	○**	○**	○**	○**	×	×
チャ (イロ)	○**	○**	○**	○**	×	×
ミドリ (イロ)	○*	×	×	×	×	×
ムラサキ (イロ)	×	×	×	×	×	×
ハイ (イロ)	×	×	×	×	×	×
モモ (イロ)	×	×	×	×	×	×

　*　マッカ＜マアカ，マッサオ＜マサオ＜マアオ，マミドリ
　**　マッキイロ（×マッキ），キイロイ（×キイ），キイロッポイ（×キッポイ），キイロミ（×キミ），キイロサ（×キサ）
　***　シラジラ＜シロシロ，クログロ＜クロクロ

2.6.3　文化に応じた色彩語

色彩語は文化に応じて多彩になる．たとえば，江戸時代の染色文化において「ちゃ（茶）」や「ねずみ（鼠）」の複合合語は次のように多くみられる．

- とうせい茶・がまちゃ・てうじ茶・さうでん茶・こげちゃ・きゃら茶・くりかは茶・ももしほ茶・すすたけ茶・やなぎ茶（『染物重宝記』には「ちゃ」を以上のほか 30 語あげる）
- 素鼠・藍気鼠・湊鼠・藍鼠・唐土鼠・茶気鼠・藤ねづみ・葡萄鼠・しめ鼠・濃ねづみ（『染物早指南』には「ねずみ」を以上のほか 15 語あげる）

2.6.4　外来語の色彩語彙

現代では，外来語が増加しているようにみえるが，実際には和語に取ってかわるような状況にはないといわれている（小松，2001）．具体的な外来語の色名として使われているのは次の 2 語ぐらいである．

　オレンジ：「橙」（古来の柑橘類の色）の交替語形
　ピンク：「桃色」（桃の花の色）の交替語形

そのほかは，次のように使用範囲が限定されていると考えられる．

ホワイト・レッド：ワインなどに限られる
ブラック：コーヒーなど
ブルー：ファッションなど
グリーン：ゴルフの芝
イエロー：複合語での用法が中心

色名は，江戸時代の染色で多彩であったように，現代でもファッションや自動車などの方面で多用される．そのなかで次のような色名はこれまでの日本語では用いられなかったものであるが，ファッションセンス関係にほぼ使用が限られている．

　　ベージュ：羊毛色　　カーキ：黄土色　　オリーブ：黄みを帯びた暗緑色

また，合成された色名にはファッション関係で「オフホワイト・サーモンピンク・ワインレッド・モスグリーン」，車の色で「クリスタルホワイトパール・ピアノブラック・ベロシティレッド・スピリティッドグリーン」などがあるが，これらの語も使用の場面が限られている．

2.6.5 現代語の色彩語彙

現代語で基本色がどれであるかというアンケート調査を行った結果では，バーリンとケイの基本11色のほかに，金・銀のメタリックカラーと，水・黄緑の計4色が加わるようだと報告されている（小野ほか，2010）．

＊演習2.6

基本課題

(I)　「あお」という語は青色（blue）だけでなく緑色（green）をも意味するが，それぞれの色相を表す語（複合語）にはどのようなものがあるか調べてみよう．

(II)　モモイロ（桃色）とピンク，ハイイロ（灰色）とグレーなど，外来語の色彩語彙が用いられる場面，また，意味・ニュアンスについて考えてみよう．

発展課題

日本では虹は7色とされるが，英語では虹は6色であるという．それはなぜか考えてみよう．また，ほかの言語ではどうなのか調べてみよう．

2.7 感覚語彙・感情語彙

2.7.1 感覚語彙と感情語彙

語彙のなかで，**感覚語彙・感情語彙**とは具体的にどの語をさすのか，容易には決めがたい．

　　蚊に食われてかゆい．　　ビールがぬるい．

「かゆい」「ぬるい」は皮膚や味覚を通した感覚を表現しているといえるが，後者「ぬるい」は，感覚を通して得られたビールの状態を表現する語であるとも解釈でき，感覚語彙ではないとする立場もある．

そこで，西尾（1972）はその分類基準として次のような点を指摘した.
　①「人」を主語に取り得ること
　② 言い切りの平叙文では表現者しか主語になり得ないこと

など10の条件をあげている．その狭義での感覚語彙，感情語彙を対象にした史的研究に山口（1988）がある．具体的に抽出した感覚語彙，感情語彙は図2.13に示す123語である．

2.7.2 快・不快の比率

感覚語彙，感情語彙がそれぞれ快・不快を表す比率について，『時代別国語大辞典上代編』『源氏物語大成』『日葡辞書』および現代語についてみていくと，表2.10のようになるという．

このように，不快に属する語の比率が高い傾向は，人間のさまざまな欲求に対する満たされない不快感が生ずることによって起こる現象だとみることができ，『源氏物語』を例とした平安時代にその傾向が顕著になっている．

表2.10 感覚語彙・感情語彙がそれぞれ快・不快を表す比率（山口，1988）

快・不快の別	感覚語彙			感情語彙		
	上代	中古	中世	上代	中古	中世
不快と認められる場合	10	8	13	45	87	39
快いと認められる場合	2	1	2	30	10	13
快・不快のいずれとも決められない場合	1	1	4	10	9	8
合計	13	10	19	85	106	60

2.7 感覚語彙・感情語彙

感覚語彙

あたたかい あつい ★あつくるしい ★いきぐるしい ★いたい ☆うすらさむい ★おもくるしい ☆かゆい ☆くすぐったい ★くるしい ☆けむい ☆けむたい ★さむい すずしい ★だるい ★つめたい ★ねぐるしい ねむい ねむたい ★はだざむい ★ひだるい ★ひもじい ☆こそばゆい ☆まぶしい ☆まばゆい ★むしあつい ☆むずがゆい ★むなぐるしい

【★印…不快な感覚、無印…快い感覚、☆印…快・不快のいずれともきめられない感覚】

感情語彙

★あじけない ありがたい ★いじらしい ★いたたまれない ★いとおしい ★いとしい ★いぶかしい ★いまいましい ★うしろぐらい ★うさんくさい ★うたがわしい ★うっとうしい ★うらめしい ★うらやましい うれしい ★おかしい おそろしい ★おぼつかない おもしろい おもはゆい ★かたじけない ★かたはらいたい ★かなしい かわいい ★ききぐるしい ★きづよい ★きまりわるい ★きみわるい ★くちおしい ★くやしい ★くるしい ★こころぐるしい ★こころづよい こころぼそい ★こころもとない ★このましい こにくらしい ★こわい さびしい ★したわしい ★しんきくさい ★すえおそろしい ★すえたのもしい せつない そらおそろしい たのしい たのもしい たまらない ★つまらない ★つらい ★てれくさい なげかわしい なさけない なつかしい なやましい ★にがにがしい ★にくい ★にくたらしい ★ねたましい のこりおおい のこりおしい のろわしい ばかばかしい ★はがゆい ★はがらしい ★はずかしい ★はらだたしい はれがましい ほこらしい ほしい まちどおしい むなくやましい ★めんどうくさい もうしわけない もったいない もどかしい ものうい ものがなしい ものたりない ★やましい ★やりきれない ★やるせない よろこばしい ★わずらわしい わびしい ★わるい (申し訳ない、すまないの意)

【★印…不快な感情、無印…快い感情、☆印…快・不快のいずれともきめられない感情】

図 2.13 感情語彙と感覚語彙（山口, 1988）

2.7.3 感覚語彙の不変性

感覚語彙は感情語彙に比べて，各語の発生当初から意味が変わりにくいとされる．山口（1988）によれば，上代に発生した感覚語彙で現代まで残存しているものは76%にのぼるという（表2.11）．

表2.11 上代に発生した語の現代までの残存率（山口，1988）

	全語数	現在まで残存している語数	残存率
感覚語彙	13	10	76%
感情語彙	85	42	49%

そして，感覚語彙のなかで変化したものとしては，わずかに「寒い・涼しい・冷たい」があるだけで，現代語ではおもに「寒い・涼しい」は気温に，「冷たい」は液体・固体に用いられるが，奈良・平安時代には用法上の区別はなかったという．

このような感覚語彙の不変性は，刺激に対する生理的な反応を表し，直接的・具体的な性質をもつという理由によるとされる．

表2.12 感情語彙の変化の概要

(1) 表現する感情的な意味が変化した場合

a) 異なる意味への変化

	奈良・平安時代	江戸時代以降
いとしい いとおしい	つらくてたまらない 気の毒だ	かわいい
かわいい	気恥ずかしい・あわれみ	愛憐の情

b) 偏った意味への変化

	奈良・平安時代	江戸時代以降
悲しい	悲哀の情・いとしい	悲哀の情
おしい	おしい・人への深い愛着	おしい

(2) 事物の状態・性質を表す状態語が感情語彙に変化した場合（不快な感情語に変化した場合）

	奈良・平安時代	江戸時代以降
なさけない	情愛がない （客観的な状態として）	なげかわしい・みじめだ
あじけない	筋道が立たない 道理をわきまえない	どうにもならない なさけない
こわい	堅い・頑強だ	恐怖の気持ち
つらい	むごい・冷酷だ	耐えがたい

2.7.4 感情語彙の変化

一方，感情語彙は歴史的に変化しやすいことが指摘されている．変化の概要としては表 2.12 に示す二つの場合が想定される．

感覚語から感情語への転用も認められ，「かゆい・こそばゆい・くすぐったい」などは，物足りない気持ちも表現するようになり，「痛い・苦しい・まばゆい・まぶしい・けむたい」などは感情をも意味するようになっている．しかし，逆に感情語から感覚語へ転用した例はみられないようである．それは，感情という抽象から，感覚という具体へという推移が起こりにくいからだと推測されている（山口，1988）．

2.7.5 感情語の品詞

ここまで山口（1988）を主にまとめてきた感覚語彙・感情語彙の品詞は形容詞を中心としている．ところが，感情の表現は動詞でも可能である．

物音に驚く． 人を愛する．

それらを寺村（1982）は図 2.14 に示すように分類している．

この分類によれば，前掲の西尾（1972）の基準は形容詞表現の 3（感情状態の直接表出）に該当し，これらを含めて広く感情表現を分類したものといえる．

(1) 一時的な気の動き 「感情主が誘因に____」
　　驚く，おびえる，ほっとする，安心する，興奮する，浮かれるなど
(2) 能動的な感情の動き 「感情主が対象を____」
　　愛する，憎む，喜ぶ，悲しむ，好む，嫌う，望むなど

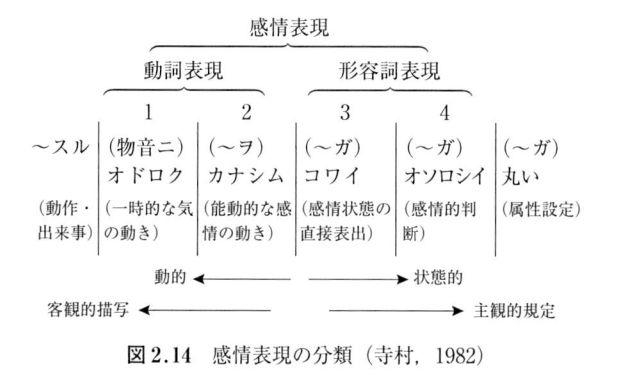

図 2.14 感情表現の分類（寺村，1982）

表 2.13 感覚語彙の図式化

飲み物など	飲み物・気温など
ぬるい（不快）つめたいあたたかいぬるい（不快）（ちょうどよい）	あつい
気温など	すずしいさむい

(3) 感情状態の直接表出　「感情主が（は）対象が____」
　　こわい，うれしい，悲しい，楽しい，恋しい，嫌だ，欲しいなど
(4) 感情的判断　「品定めの対象が　基準に（にとって）____」
　　恐ろしい，うらやましい，悲しい，愛らしい，憎らしい，好ましいなど

2.7.6　温度感覚の語彙

　感覚語彙を領域を区切って図式化することがある．たとえば，温度感覚の語彙についてみると，表2.13に示される．
　また，このような日本語の感覚語彙を外国語と比較した試みもみられる（図2.15）．

（英語と日本語）

気体	液体	固体	体の一部	体の全部	快・不快	加えられる熱の量	温度変化を受ける前の状態
	cold			サムイ	不快	−−	≦常温
	chilly		ツメタイ				
	cool			スズシイ	快	−	＞常温
mild	luke-warm			ヌルイ	0	0	＝常温
	warm			アタタカイ	快	＋	＜常温
	hot		熱イ	暑イ	不快	＋＋	≧常温

（中国語と日本語）

lěng（冷）	ツメタイ	サムイ	nuǎn（暖）	アタタカイ
liáng（涼）		スズシイ	rè（熱）	熱イ　暑イ

図 2.15　外国語と日本語における感覚語彙の違い（国広，1967）

＊演習 2.7

基本課題
(I) 味覚を表す語彙をできるだけあげて，意味で分類してみよう．
(II) 次の感情を表す語を思いつく限りあげてみよう．
　　(a) 悲しさ　　(b) 切なさ　　(c) 絶望　　(d) 空虚

発展課題

「きらう」と「きらい」,「にくむ」と「にくらしい」などというように,語幹(の一部)が共通する動詞と形容詞,それぞれによる表現にはどのような違いがあるか考えてみよう.

2.8 身体語彙

2.8.1 身体部位を表す語彙

　身体部位を表す語彙は,大区分として,アタマ・ドウ・テ・アシがあり,それぞれについて下位語が存在する.アタマは,アタマ・カオ・クビと分け,カオはヒタイ・マユ・メ・ハナ・クチ・ホホ・アゴに分けられ,メはメ・メガシラ・メジリ・マブタに分けられる.

　このような身体語彙の代表的なものを図示すると図2.16に示すようになる.

　このなかで,漢語はドウ(胴)・ミケン(眉間)・ニンチュウ(人中)だけであ

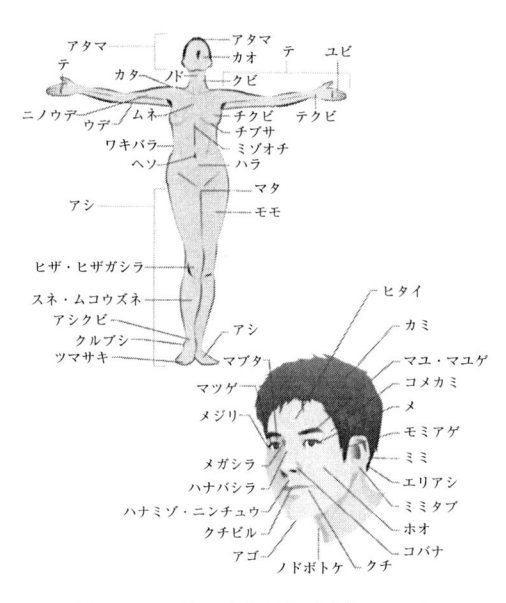

図2.16 現代の身体語彙（沖森, 2011）

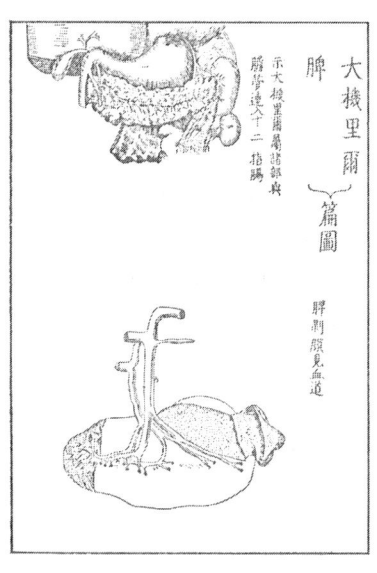

図2.17 『解体新書』における解剖学の語彙（『日本思想大系65』（岩波書店, 1978）より）

り，その他は和語である．ドウに該当する和語としては「ムクロ」があり，身体の表面に表れている部分については，和語が発達しているといえる．

他方，身体の内部を表す語彙はどうかといえば，和語は，ホネ・スネ（骨髄）ヨコシ（脾臓）・フクフクシ（肺）・ナツキ・スジ・キモ・シシ・ハラワタ・ココロなど比較的少数にとどまるのに対して，漢語は東洋医学に由来する五臓六腑（心臓・肺・脾・肝・腎・大腸・小腸・胃・胆・膀胱・三焦）などや，また，江戸時代の蘭学など西洋の解剖書，実地の開臓に由来する訳語が杉田玄白などによりつくられた．このときにつくられた和製漢語「盲腸・十二指腸・気管・軟骨・細胞・神経」などは現代でも一般に用いられている（図2.17）．

2.8.2 身体語彙の史的変遷

宮地（1979）がスワディッシュ（M. Swadesh）の基礎的語彙から身体語を抜き出し，平安時代の辞書『倭名類聚抄』の語形と対照している（表2.14）．

このうち，変化しているものは，「しし→にく」「こころ→しんぞう」の漢語化のほかは，「かしら→あたま」に特徴があるとされる．この「あたま」を示す語の史的変化は外国語にもみられる共通点であると指摘している．そして，「あたま」に類する「おつむ・頭部・くび」の用法を対照し，「あたま」が広く用いられ，

表2.14 スワディッシュと倭名類聚抄の身体語彙比較（宮地，1979）

29. meat（しし）	30. skin（かは）	31. bone（ほね）	37. hair（かみ）
38. head（かしら）	39. ear（みみ）	40. eye（め）	41. nose（はな）
42. mouth（くち）	43. tooth（は）	44. tongue（した）	46. foot（あし）
47. knee（ひざ）	48. hand（て）	49. belly（はら）	50. neck（くび）
51. breast（むね）	52. heart（こころ）	53. liver（きも）	126. back（せなか）
127. leg（あし）	130. lip（くちびる）	132. navel（へそ）	133. guts（はらわた）

表2.15 「あたま」と類語の用法比較（宮地，1979）

	ア〜ヲ出ス	イ〜ガ大キイ	ウ〜ヲ刈ル	エ〜ガ良イ	オ〜ゴナシ
あたま	○	○	○	○	○
おつむ	○	○	○	○	×
頭部	○	○	×	×	×
くび	○	×	×	×	×

2.8 身体語彙

「くび」の用法が狭いとする（表2.15）．

2.8.3 「顔」の語の史的変遷

また，語史をまとめたものとして，小林（1983）による「顔」の語の史的変遷がある．「顔」をさす語として，もともと「おも・おもて」があったが，「おもて」はものの表面もさすように抽象化したため，「かお（貴族語）・つら（庶民語）」に取ってかわられるようになった．それがのちに「かお（普通語）・つら（卑称）」となったという（図2.18）．

2.8.4 「指」の語の史的変遷

「指」の語の史的変遷は前田（1985）に詳しい．その変遷図を引用する（図2.19）．

まず，「ゆび」そのものは古く「および」であり，それがオユビ→ユビと変化し

図2.18 「カオ」をめぐる語彙の変遷（小林，1983）

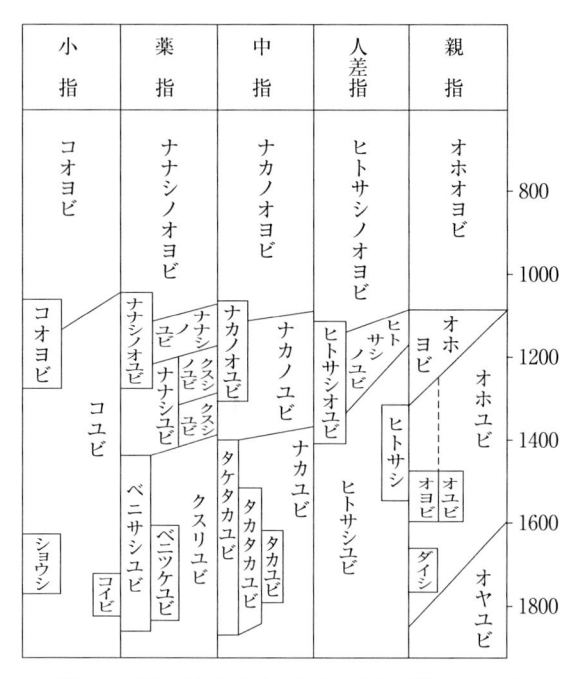

図2.19 「ユビ」をめぐる語彙の変遷（前田，1985）

た．人差指・中指・小指は「ひとさしのおよび」「なかのおよび」「こおよび」から現代語形へ変化した．中指はもっとも長いことから，「たけたかゆび」なども用いられた．親指は「おほ（大）および」から「おほゆび」を経て「おやゆび」へと変化した．

これに対して，薬指は古く漢語の「無名指」を訓読みしたような「ななしのおよび」からはじまり，仏像の薬師如来がこの指を曲げて印相を組むことから「くすしゆび（薬師指）」とよばれ，女性の化粧の動きから「べに（紅）さしゆび」も用いられる一方，「くすりゆび」へと変化した．なお，クスシ（＝医師）とクスリ（薬）とは別語だが，混同して類推された現象と考えられている．

＊演習 2.8

基本課題

次の語はどのような身体部位をさすか，説明してみよう．
(a) うなじ　(b) こばな　(c) かかと　(d) つちふまず
(e) ふくらはぎ　(f) ぼんのくぼ　(g) ひかがみ

発展課題

「手」という語は具体的にどのような身体部位を表すか，例をあげて説明してみよう．

2.9　オノマトペ

2.9.1　オノマトペとは

音を描写したり，ようすを描写したりする語彙に**オノマトペ**がある．音の出るものを写すか否か，また何を写すかによって，**擬音語・擬声語・擬態語・擬容語・擬情語**などと分類することがある．しかし，実際のオノマトペが明確にそれらの下位区分に分類できるわけではないから，ここでは一括してオノマトペの名称を用いることにする．

2.9.2　音と意味との関係性

ソシュール（Saussure）は『一般言語学講義』のなかで言語の音と意味との無関係性（恣意性）を説いたが，オノマトペは例外とされる．つまり，音と意味と

の間に関連性が認められる側面がある．また，古代の日本語の語頭には濁音が用いられない原則があるが，『万葉集』に「鼻びしびしに（鼻毗之毗之尓）」（巻5 892）とみえ，ビシビシは鼻をすする音を示すもので，語頭に濁音が用いられている例外でもある[注5]．

このようにオノマトペの語形は描写する内容との間に関連性が認められるとされるものであるが，世界諸言語のなかでオノマトペがどのくらいあるかをみると，日本語と朝鮮語（韓国語）はオノマトペの多い言語といわれている．

2.9.3 オノマトペの語形

日本語のオノマトペの語形は規則的なものが多く，図2.20のような図式で説明されることがある．清音─濁音，カ行─サ行─タ行，畳語，─ッ，─リ，─ンという語形などにより構造的に描かれ，語形のパターンは表2.16のようにまとめられる．

そして，泉（1976）ではオノマトペのなかで用いられる音の効果として次のものを指摘している．

- 促音「ッ」：急にやめる切れのよさ，物音や動作の瞬間性，すばやさ，1回性
  例）カラッ　ペタッ　ドサッ　ゴーッ　コロリッ　クルクルッ　クルックルッ　カッ　パッ　セッセ　トット
- 撥音「ン」：響きのよさ，余韻，強さ，動きやようすのリズミカルさ，軽やかさ
  例）カラン　コロン　カチン　ケロリン　ドキンドキン　ガチャンガチャン　ガチャガチャン　カン　ポン　トン　コン　パン

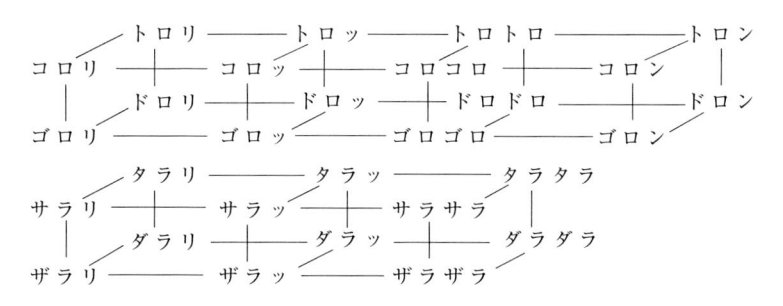

```
         ┌─トロリ───トロッ───トロトロ────トロン
コロリ──┼──コロッ──┼──コロコロ────コロン
         ├─ドロリ───ドロッ──┼─ドロドロ────ドロン
ゴロリ─────ゴロッ─────ゴロゴロ────ゴロン

         ┌─タラリ───タラッ────タラタラ
サラリ──┼──サラッ──┼──サラサラ
         ├─ダラリ───ダラッ────ダラダラ
ザラリ─────ザラッ─────ザラザラ
```

図2.20　日本語のオノマトペの規則例（田中，1978）

(注5)「ビシビシ」は「鼻ビシビシ」と熟合した1語と解釈し，語頭濁音の例ではないとする山口（1982）の説もある．

表 2.16 オノマトペの語形パターン（『大辞林　第三版』（三省堂，2006）による．）

■形態的分類
　オノマトペは形態の規則性が特徴である．
(1)　一回語形
① 「Ａい」型：ぶい（と）
② 「Ａん」型：がん（と）
③ 「Ａっ」型：かっ（と）
④ 「Ａー」型：じゅー（と）
⑤ 「Ａーん」型：あーん（と）
⑥ 「Ａーっ」型：さーっ（と）
⑦ 「ＡＢ」型：がば，ひし
⑧ 「ＡＢん」型：がくん
⑨ 「ＡＢっ」型：がさっ（と）
⑩ 「ＡＢり」型：からり
⑪ 「ＡんＢ」型：わんさ
⑫ 「ＡっＢ」型：はっし
⑬ 「ＡんＢり」型：あんぐり
⑭ 「ＡっＢり」型：あっさり
⑮ 「ＡっＢら」型：うっすら
⑯ 「ＡＢーん」型：うわーん
⑰ 「ＡっＢん」型：ぞっこん
⑱ 「ＡＢーっ」型：もわーっ（と）
⑲ その他：そそくさ，のほほん，ほんわか
(2)　重なり語形
① 「ＡんＡん」型：がんがん
② 「ＡっＡっ」型：ふっふっ
③ 「Ａ−Ａ−」型：ぴゅーぴゅー
④ 「ＡＢＡＢ」型：かさかさ
⑤ 「ＡＢんＡＢん」型など：からんからん，うつらうつら
⑥ 「ＡっＢＡっＢ」型など：あっぷあっぷ，ばったばった
⑦ その他「ＡＢＣＢ」型など：あたふた，うろちょろ，じたばた，てきぱき，やきもき，かさこそ，ぬらりくらり，ずんぐりむっくり

- 長音「ー」：母音の長音化，物音や動作状態の長いこと，時間のかかること，続くこと
　例）フワー　フワーリ　ドーン　ズドーン　トーントン　トントーン　トーントーン　ジワジワー　ジワージワー　カー　ゴー　ニーッ　ジャーッ
- リ音：ある程度の柔らかさ，滑らかさ，少しゆっくりした感じ
　例）パサリ　ツルリ　ノソリ　コトリコトリ　コロリ　コロリン　コリコリ　キリキリ
- くり返し：物音や動きのくり返し
　例）コロコロ　ボソボソ　クヨクヨ　ピョンピョン　ドスンドスン　カラカラカラ　クルクルクル　サッサッサッ
- くり返しでの音の一部交替：くり返しのなかで音の一部が交代するもの．[a] ―[o]の交替例が多い．
　例）カラコロ　ガサゴソ　シドロモドロ　ガタンゴトン　カタコト　アタフタ　チラホラ　ムシャクシャ　ノラリクラリ

2.9.4　オノマトペの識別

オノマトペそのものは，文法上おもに副詞に該当する働きをする．しかし，オ

ノマトペとそれ以外の語との区別は容易ではない．たとえば，次のような3種類の語をあげると，どれがオノマトペであるか，明瞭に分類できる人は多くないであろう．
- キラキラ　　サラサラ　　シットリ　　シッポリ
- シッカリ　　スッカリ　　タップリ
- イヨイヨ　　シズシズ　　シラジラ

このうち，3番目の畳語「弥々（いよいよ）」「静々」「白々」は音のくり返しによってオノマトペと類推されているといえる（小野，2007）．

また，オノマトペから派生した一般語彙も次のように少なくない．
- 動詞：がたつく　　きしむ　　きらめく　　ひらめく　　ふくれる　　チンする
- 形容詞：ひょろ長い　　ピリ辛い　　むずがゆい
- 名詞：ゲジゲジ　　しゃぶしゃぶ　　トンカチ　　プチプチ　　ワンワン

名詞では商品名もオノマトペ由来のものがある．

2.9.5　オノマトペの史的変遷

オノマトペが語形的にいつの時代にどのようなものが増加するか，減少するかについては図2.21のようなものが提示されている（山口，2002）．

しかし，語形の多寡（たか）はもちろん問題とするべきであるが，同じ語形であっても意味の異なるものもみられる．たとえば，室町時代の用例に次のようなものがある．
- 月のうるうるとして碧雲の間より出た……　　　　　　　　　　『江湖風月集抄』
- 東方に朝陽がつるつると出たれば……　　　　　　　　　　　　　　『毛詩抄』

さらに，「つるつる」については1603年刊『日葡辞書』（邦訳による）に次のようにもみえる．

　　ツルツルト：副詞　走るさま，あるいは足並みを速めるさま．
　　　　例）ツルツルと走る　上のように短時間に走る．

室町時代の抄物の用例が特殊であるというわけではなく，歴史的に変化した結果，現代語の語感ではかなり違和感があるものになっている．

＊演習2.9

基本課題

(1) オノマトペにおいて濁音はどのような音の効果があるか，考えてみよう．

第2章 さまざまな語彙

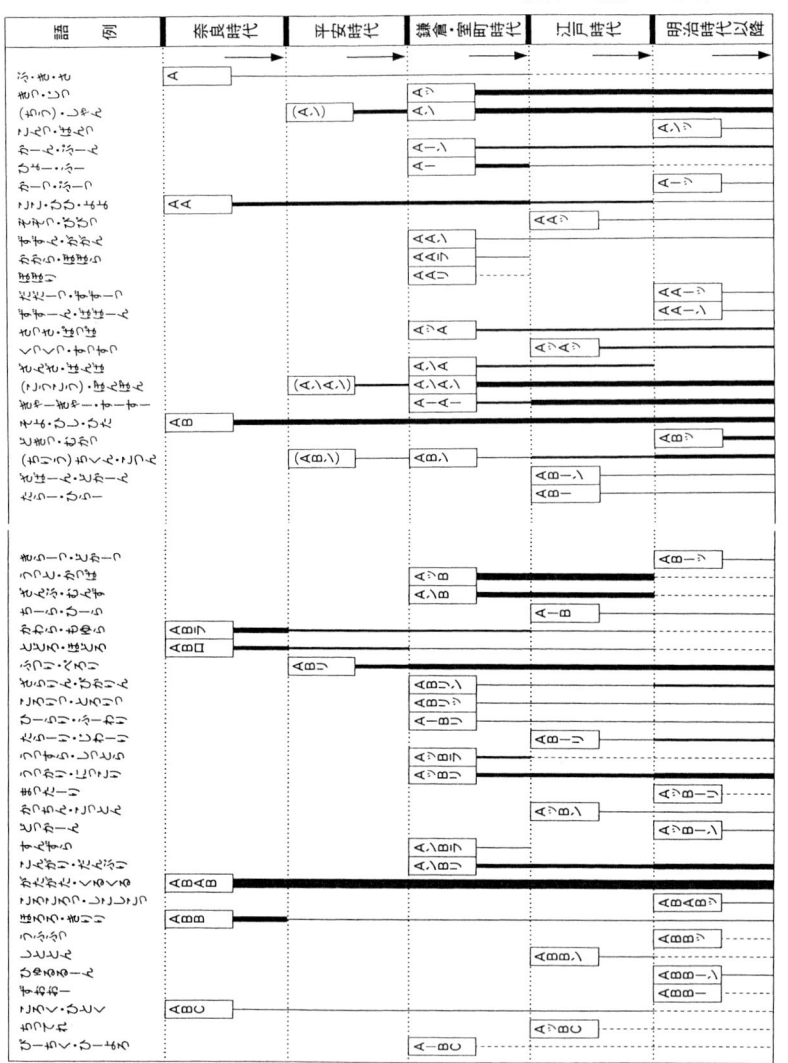

図 2.21 オノマトペの語形増減の変遷（山口, 2002）
線の太さはその時代における使用頻度を表す．

(II) オノマトペから派生した一般語彙を，もっとあげてみよう．

発展課題
オノマトペを自ら造語して文例をつくり，その語の意味を記述するとともに，そのような意味で用いた理由について説明してみよう．

2.10 動植物名

2.10.1 動植物の名前

植物の名前をあげると，タンポポ・アサガオ・ヒマワリ・ホウセンカ・チューリップなどすぐにいくつも思いつくであろう．道端をみれば「雑草」とひとくくりにされる名前のわからないものも，みた人がその名前を知らないだけであって，調べるとその草にも名がつけられていることに気づく．

  春の七草：セリ　　ナズナ　　ゴギョウ　　ハコベラ　　ホトケノザ　　スズナ
      スズシロ
  秋の七草：オミナエシ　　オバナ　　キキョウ　　ナデシコ　　フジバカマ
      クズ　　ハギ

上記の七草の名に代表されるように，和語が比較的多く，漢語が少ないという傾向がみられる．古来から日本にある動植物であれば，和語が用いられるという類推がはたらくが，「うめ（梅）・たけ（竹）・きく（菊）・くわ（桑）・うま（馬）」などは，文献時代以前に流入した漢語に由来する語である．また，「みかん・りす」は和語の印象を与えるが，それぞれ漢語「蜜柑」「栗鼠」に由来する語である．

2.10.2 翻訳，外国の動植物の名前

外国語文を日本語に翻訳するとき，日本にはない動植物をどう訳すればよいかの問題が生じる．歴史的にみると，ヨーロッパ文学の『イソップ物語』を日本語に翻訳したキリシタン版『伊曽保物語』では，たとえば当時の日本にはなかったイチジクをカキ（柿）に置き換えて翻訳している．イチジクとカキはまったく別物であるが，当時のヨーロッパで好まれた果物であるイチジクを，当時の日本で好まれていた果物カキに置き換えた翻案というかたちをとったのであった．

現代語であれば，外国語の音形をカタカナで記し，補足説明を施すということになろう．動植物の外来語としては，「パンダ・コアラ・フラミンゴ・ラッコ・ペンギン」など動物園でみたり，次のようなペットにしたりする名前がすぐに思い浮かぶ．

　　チワワ　　ポメラニアン　　ダルメシアン　　ゴールデンレトリバー　　ペルシャ猫
　　シャム猫　　アメリカンショートヘアー　　ロシアンブルー

植物名でも園芸関係に少なくない．

　　マリーゴールド　　シンビジューム　　シクラメン　　ポトス　　モンステラ

動物園・植物園のような場所では博物意識として，ペットや園芸では，服飾や車などの色彩語と同様にセンスとして外来語の名前が必要とされている．他方，植物名でも，樹木についての外来語として思いつくのはポプラ，プラタナスくらいではなかろうか．このように樹木名の外来語が少ないのは，外来樹木の輸入のしにくさ，園芸植物のように手軽でないことによるのであろう．

なお，茶道では，椿が冬の茶花として重視され，「侘助(わびすけ)・太郎冠者(かじゃ)・臘月(ろうげつ)・藪・白玉」などをはじめ，さまざまな名前がつけられている．

2.10.3　文化に応じた下位階層の多様化

動植物名も文化に応じて下位階層が多様化する．日本では，漁業が盛んで魚をよく食べることから魚名が多様である．ブリは出世魚として有名で，幼魚をワカシとよび，成長するにつれてイナダ→ワラサ→ブリと変化する．マグロは鮨でよく食べ，部位により「赤身」「トロ（中トロ・大トロ）」「カマ」などの名がある．室山(1982)によれば，漁業が盛んな大分県姫島の場合，魚名は大きさ，色，雌雄，漁法，味，売るときの価値により変化するとの報告がある．

このような下位階層の多様化は日本に限られたことではなく，たとえば酪農国，英語を例にすると，牛がox（牡牛），cow（牝牛）というように牛乳がとれるか否かで，鶏がcock（雄）に対してhen（雌）というように卵を産むか否かで区別している．中国では馬を，若い「駒」，のろい「駑」，優れた「駿」，荷物を積む「駄」と区別し，モンゴルでは羊を雌雄と年齢で区別する．

日本では，近年，牛が輸入の点で問題になり，差別化が図られた結果，「和牛・国産牛・輸入牛」，また，輸入牛は「アメリカ産・ニュージーランド産・オージービーフ（オーストラリア産）」などと区別もしている．

なお，日本では，「つる（鶴）」に対する「たづ」，「かえる（蛙）」に対する「かはず」のように，日常語と歌語とで名前の変わるものもある．

2.10.4　十二支の動物

十干十二支は古代中国以来，占いで用いられているものであるが，十二支は動物名が当てはめられている．その動物は国・地域によって異なる場合もあり，中国・韓国・ベトナムなどで「亥」には「豚」を，また，ベトナムでは「丑」に「水牛」，「卯」に「猫」，「未」に「山羊」を当てている．

＊演習 2.10

基本課題

(I) 次の漢字表記はどのような動植物名を書き表したものか，読んでみよう．
　(a) 紫陽花　　(b) 向日葵　　(c) 土筆　　(d) 蒲公英　　(e) 山葵　　(f) 山茶花
　(g) 海月　　(h) 浅蜊　　(i) 百舌　　(j) 啄木鳥　　(k) 山羊　　(l) 蚯蚓

(II) いわゆる四つ足の獣についての動物名のうち，和語・漢語によるものをそれぞれあげてみよう．

発展課題

動植物名を用いた複合語や慣用句，故事諺をあげてみよう．

2.11　地　　名

地名には，「日本」という国名，「関東」「西日本」などの地域名，「千葉」「兵庫」などの都道府県名，「仙台」「名古屋」などの市名というように地域をさし示すものと，「富士山」「関東平野」「知多半島」「淡路島」「阿賀野川」「琵琶湖」「印旛沼」「不忍池」「伊勢湾」「瀬戸内海」「日本海」「太平洋」などの地勢（地形）をさし示すものに大きく分けられる．

2.11.1　地域名と都道府県名

国名の「日本」はこれまで「ひのもと・ニホン・ニッポン・ジッポン」などとよばれてきて，現在も読みが一定しない．また，古くは「倭国」「和」「大和」，神

話では「葦原中国」「豊葦原」などともよばれた．

県名は1871年の廃藩置県によって当時の都市名，郡名などから採用され，3府302県にはじまり，現在は1都2府1道43県となっている．

2.11.2 旧国名

旧国名は，7世紀後半からの律令制に基づいて定められ，広域区画の「五畿七道」である「畿内・東海道・東山道・北陸道・山陰道・山陽道・南海道・西海道」と，その下位に「国」が設定された．この「国」は現在では旧国名とよばれているが，古代中国の地方区分「州」になぞらえ，て「〜州」とも称され，日本全体を「日本六十余州」とよぶこともある．東海道と山陽道の旧国名の一部を次に示しておく．

東海道：伊賀国（伊州）　伊勢国（勢州）　志摩国（志州）　尾張国（尾州）
　（中略）　　上総国（総州）　下総国（総州）　常陸国（常州）
山陽道：播磨国（播州）　美作国（作州）　備前国（備州）　備中国（備州）
　備後国（備州）　安芸国（芸州）　周防国（防州）　長門国（長州）

なかには，「上総・下総」「備前・備中・備後」のように「上下」「前中後」によって細分化されている場合もある．都から近い順に「上→下」「前→中→後」で示される．なお，東北地方「陸奥国」が細分化されるのと，北海道・琉球国が設定されるのは1868年の明治維新以降である．

ちなみに，旧国名および郡や村などの地名が漢字2字で表記されるようになるのは，713年の詔勅「諸国郡郷名著好字」，平安時代の『延喜式』「凡諸国部内郡里等名並用二字必取嘉名」（民部式）などによって行われるようになったもので，その表記が，たとえば「島→志摩」「北→喜多」「死野→生野」などのように，もととなる語や由来から遠ざかってしまった場合もある．

2.11.3 地域名の変化

区画の合併に際しては地名の合成が行われることがある．たとえば，香川県の「大川郡」は「大内郡」と「寒川郡」との合成，東京都の「大田区」は「大森」と「蒲田」の合成である．

そして，1995年の地方分権一括法によって「平成の大合併」が起こり，新地名がつくられたが，批判的な意見が出た地名もあった．「あきる野市」「さくら市」

「つくばみらい市」「東かがわ市」「西東京市」「四国中央市」など，伝統的な由来から断絶した抽象的な名前や，方向への依存，仮名書きへの批判などであったが，地名が漢字書きであるべきだという意見は，713年の詔勅以来の価値判断の反映とみることができる．

2.11.4 地勢名

山・渓谷・川・湖などの地勢（地形）にも名がつけられている．それらは人間の生活に古来から密着したものであり，必要に応じて名づけられ，人びとの間で共有されてきたものである．共有されるためには，発話者と受け手との間で，名づけられた語形と表現された地勢との間に対応関係が認められたり，その地勢に対する名づけが前代から受け継がれたりしていることが前提となる．

具体的に，地勢名は次のような要因によって名づけられる（上野（2004）などによるが，漢字表記は仮に付したものである）．

　　数：一本松　　ふたまた　　三軒茶屋　　九十九里
　　色：赤堤　　黒岩　　白壁　　青磯（注6）
　　動物：馬の背　　犬返り　　鯨の鼻　　蛸の浦
　　衣食住：烏帽子岩　　剣崎　　鍋島　　屏風ヶ浦　　鋸山（のこぎり）
　　身体・活動：裸島　　夫婦岩　　人形岩　　天狗岩　　浄土ヶ浜
　　オノマトペ：ドンドロ山　　バラバラ岩　　ザクザク根　　サラサラ瀬
　　伝説：親不知子不知　　作兵衛滝（作兵衛が転落した）　　甚兵衛倒し（甚兵衛の舟を転覆させた場所）

このような命名は文献に残ることなく伝承されたものが多く，方言にも通じる言語資料として取り上げられることがある．

2.11.5 地勢語彙分布の偏り

地勢を表現する語彙で「さわ―たに」「ぬま―いけ」は類義語として用いられることがある（「たに」は単に山に挟まれた底ともいえるが，そこには多くの場合，水が流れている）．そして，現代でも残る地勢名のなかで「さわ―たに」「ぬま―いけ」の分布をみると，「さわ」「ぬま」は東日本に多く，「たに」「いけ」は西日本に多いという．しかも，一般的に方言の境界線として取り上げられる「糸魚川

(注6) 青は4色のなかで少ないという（→ 2.6節「色彩語彙」参照）．

—浜名湖」境界線（日本アルプスが天然の往来の障害になる）ではなく，「関東—越後」境界線（縄文時代は東京湾が現在よりもはるかに内陸に入り込んでいて（奥東京湾），天然の往来の障害になっていたと推測される）に対応するとされる．このような研究にも地勢語彙は活用されている．

✳︎演習 2.11

基本課題
1 旧国名で「上下」「前中後」で区分されているものをあげてみよう．
2 「谷」をヤと読む地名はどこに分布しているか，調べてみよう．

発展課題
地名に用いられている，地勢を表す語をさらにあげてみよう．

2.12 人　　　名

2.12.1 氏姓・苗字の歴史

氏姓は奈良時代の律令制以来，人びとが代々受け継いだものである．朝廷から地位や身分に応じて与えられたもの，所属していた部の名によって名乗ったものを主体とする．律令制では奴婢のみが無姓であった．

鎌倉時代以降，「苗字」という語でとらえられる姓が用いられるようになる．氏姓が公式に与えられなくなったため，庶民は代用として字（あざな）を用いていたが，他者と区別するために，居住地や身分名などを付したものを代々世襲するようになり，家の呼称として苗字を名乗るようになった．

公式に苗字をもつのは士族など特権階級だけであったが，1870年に苗字必称令が出され，全国民が苗字を名乗ることになった．それまで苗字がなかった者は，地域や地勢などに基づいたり役人や知識人によって名づけられたりして，新たに苗字をもつこととなった．そのため，なかには方言性を帯びたものや，新たにつくられたものもあった．なお，1898年の民法施行で夫婦同姓となったが，それまで妻は結婚後も生家の苗字を名乗っていた．

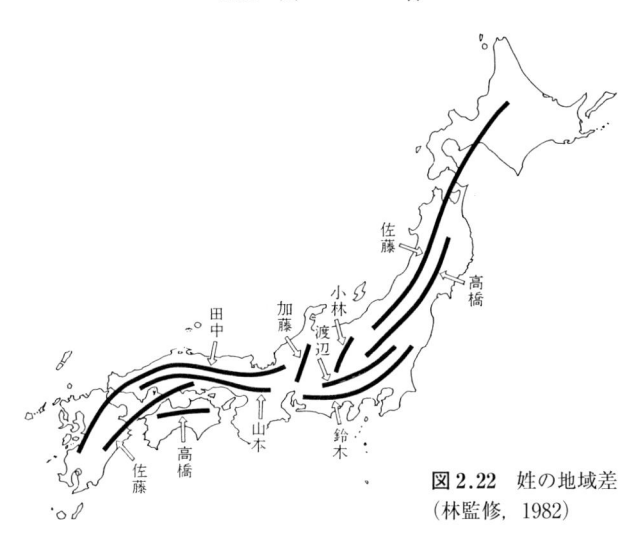

図 2.22　姓の地域差
（林監修，1982）

2.12.2　姓の地域性

日本の姓は多様で，約 10 万種あるとされ，中国の約 300 種，イギリスの 1 万数千種といわれるのと比べて，きわめて多様である．1 世帯のみが使う珍しい姓がある一方で，「佐藤・鈴木・田中」のように 100 万人以上が用いている姓もある．

姓は，約 9 割が地名に由来するものであり，かつ，貴族的な「源・平・藤・橘」のいずれかの字を利用したものも多くを占める．

また，地域によって姓の分布に偏りがみられ，東北地方では「佐藤」，中部地方では「加藤」，中国四国地方では「山本」，九州では「田中」が多いといわれる．

2.12.3　屋　　号

姓は地域によっては集落一帯が同姓という所もある．そこでは，区別するために伝統的に**屋号**が用いられてきた．屋号は，言葉によるものと，記号によるものとがあり，現代においても会社名・商店名に名残りがあるが，もとは多くの家の名に用いられていた．今日では屋号を用いない所も多いが，高齢者の間では現在でも用いられていたり，また，東日本では屋号が比較的残っていたりするといわれる．

言葉屋号には次のようなものがある．

　　方向・地名を示す：東屋　　沖　　園田　　山居

本家・分家を示す：大家　　古屋　　新屋　　新宅
　　家業を示す：米屋　　番匠　　渡屋　　金方
　記号屋号には次のようなものが用いられる．
　　○：マル　　□：カク・マス　　◇：ヒシ　　◇：イゲタ　　∧：ヤマ
　　⌐：カネ　　△：ウロコ　　〆：シメ　　一：イチ　　大：ダイ　　久：キュウ
　　山：ヤマ　　⑪：マルヤマ　　⊡：カクイチ　　◈：ヒシエ　　仐：ヤマジュウ
　屋号は家々につけられている呼称であり，その名称は集落の人びとの間で伝統的に受け継がれているもの，家を新たに構えたときに名づけたもの，地域の支配者が名づけたものなどのパターンがあるという．ただ，氏姓や屋号は受け継がれてきたプライバシーにかかわる部分があり，調査研究を進めるうえで注意を要することがある．たとえば，屋号はその地域の伝統として記録する地域がある一方で，門閥・貧富・差別的あだ名にかかわることから負の歴史と認識する地域もある．

＊演習 2.12

基本課題
1　屋号に由来すると考えられる苗字をあげてみよう．
2　ある地域に特定の苗字が偏っていることがあるが，その具体的な例をあげてみよう．

発展課題
　同じ漢字で表記される苗字が複数の読み方がある例をあげて，その違いについて分析・分類してみよう．

第3章　ことばの歴史

3.1　語源と語誌

3.1.1　語源に対する意識
【語源と語源学】

ことばは，時の経過に従って語形や意味を変えていくことがある．そして，いつしかもとのかたちや意味がわかりにくくなっていく．その場合のもとのかたちや意味をそのことばの**語源**とよび，語源について研究する分野を**語源学**（etymology）という．しかし，日本語はその系統が十分明らかになっていないために，語源についても不明の点が多く，語源学は未開拓の部分が多い．

【語源意識とその資料】

語源に関する記述は，奈良時代の『古事記』『日本書紀』『風土記』などの資料にもみられる．たとえば『日本書紀』巻第三には，今の大阪府ナニワの地名について，潮の流れが速かったので「ナミハヤノ国」とよび，それが変化したものが「ナニハ（ワ）」となったと伝える記述がみえる．

> 方到難波之碕．会有奔潮太急．因以，名為浪速国．亦曰浪花．今謂難波訛也．（『日本書紀』巻第三）〈方に難波碕に到るに，奔き潮有りて太だ急きに会ひぬ．因りて，名けて浪速国とす．亦，浪花と曰ふ．今，難波と謂ふは訛れるなり．〉

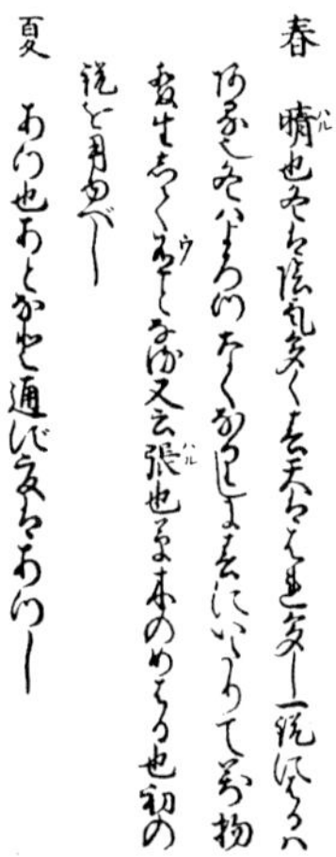

このような記述から，古代の人びとは語源について興味・関心を寄せていたことがわかるのであるが，その意識はのちの時代まで受け継がれている．たとえば，鎌倉時代

図 3.1　日本釈名

には，問答体で語源の解釈を示す語源辞書『名語記』(1275年成立)が経尊によってまとめられ，また江戸時代には松永貞徳『和句解』(1662年刊)，貝原益軒『日本釈名』(1700年刊)，新井白石『東雅』(1717年成立)などの語源に言及する資料がみられる．しかし，これらのなかには「夏 あつ也 あとなと通ず，夏はあつし」(図3.1)の記述にみられるように根拠が不十分な語源解釈(注1)も含まれているため注意が必要である．

3.1.2 語史と語誌
【語源説と語の歴史】
　語源説には，上記のようにさまざまなものが考えられているが，私たちはそれらをどのようにとらえればよいのだろうか．たとえば現代語で同音語の「神」と「上」について，神は上におられるものであるから同じ語源であると説く語源説がある．しかし，上代特殊仮名づかいでは神のミは乙類，上のミは甲類であるため，両語を単純に結びつけたこの語源説は，仮名づかいの点で一応否定せざるを得ない結果となる(注2)．

【語史と語誌】
　語源の検討には，奈良時代以前の確かな資料がきわめて少なく，大きな困難が伴うのであるが，語形や語義の確実な根拠を検討することによって，さかのぼり得る限りの語の歴史を明らかにすることは不可能ではない．そのように，語形や語義について変化の過程を歴史的にたどるものを**語史**という．それに対して語形や語義などの歴史的変化だけではなく，語をめぐる社会・文化など，さまざまな問題について幅広く記述したものは，**語誌**と呼んで区別されている．

【語史研究の方法】
　語史について詳しく知るためには，専門的な知識が必要となるのであるが，おおまかに語義の歴史的な変化について知ることが目的であれば，『日本国語大辞典』(小学館)や『角川古語大辞典』(角川書店)・『時代別国語大辞典』(三省堂)など，専門の日本語辞書を複数用いて，語史を把握することが可能である．ただ

(注1) 学問的な根拠が明確でない語源の解釈や説明は語源俗解・通俗語源・民衆語源・民間語源説などとよばれることがある．
(注2) これに対して阪倉(1982)では，上代資料である『播磨風土記』にみえる「上岡(カミオカ)」の地名語源説について再考し，改めて神と上を関係づける見方を示している．

3.1 語源と語誌

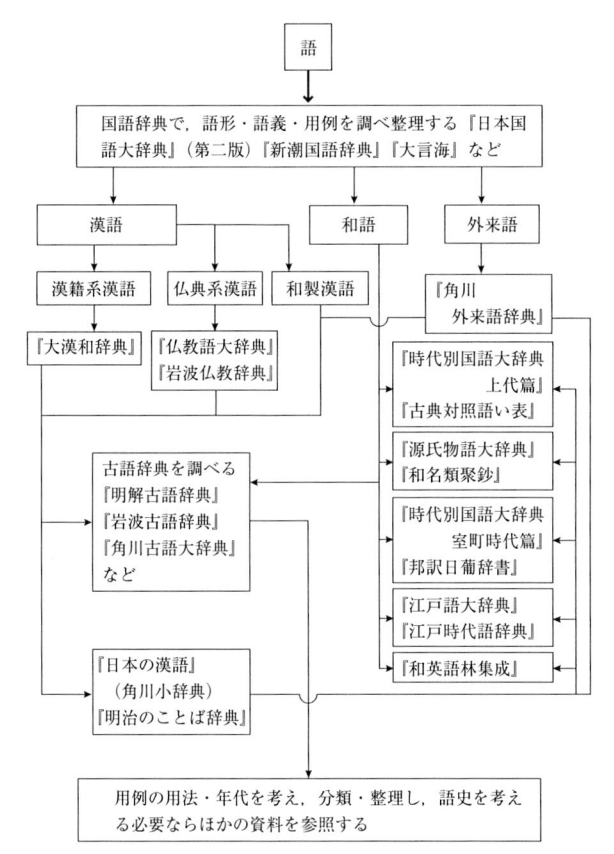

```
                            ┌─────┐
                            │ 語 │
                            └──┬──┘
                               ↓
        ┌──────────────────────────────────────────┐
        │ 国語辞典で，語形・語義・用例を調べ整理する『日本国 │
        │ 語大辞典』（第二版）『新潮国語辞典』『大言海』など      │
        └──────────────────────────────────────────┘
           ↓              ↓              ↓
        ┌────┐         ┌────┐        ┌──────┐
        │漢語│         │和語│        │外来語│
        └─┬──┘         └────┘        └──┬───┘
   ┌──────┼─────┬────────┐              ↓
   ↓      ↓     ↓              ┌──────────┐
┌──────┐┌──────┐┌──────┐       │『角川    │
│漢籍系││仏典系││和製漢語│       │外来語辞典』│
│漢語  ││漢語  │└──────┘       └──────────┘
└──┬───┘└──┬───┘
   ↓      ↓                  ┌──────────────┐
┌────────┐┌──────────┐       │『時代別国語大辞典│
│『大漢和  ││『仏教語大 │       │  上代篇』      │
│  辞典』  ││  辞典』   │       │『古典対照語い表』│
└────────┘│『岩波仏教 │       └──────────────┘
          │  辞典』   │
          └──────────┘       ┌──────────────┐
                              │『源氏物語大辞典』│
                              │『和名類聚鈔』  │
          ┌──────────────┐  └──────────────┘
          │ 古語辞典を調べる │
          │『明解古語辞典』  │  ┌──────────────┐
          │『岩波古語辞典』  │  │『時代別国語大辞典│
          │『角川古語大辞典』│  │  室町時代篇』  │
          │ など           │  │『邦訳日葡辞書』 │
          └──────────────┘  └──────────────┘

          ┌──────────────┐  ┌──────────────┐
          │『日本の漢語』   │  │『江戸語大辞典』│
          │（角川小辞典）   │  │『江戸時代語辞典』│
          │『明治のことば辞典』│ └──────────────┘
          └──────────────┘
                              ┌──────────────┐
                              │『和英語林集成』│
                              └──────────────┘

          ┌────────────────────────────────────┐
          │ 用例の用法・年代を考え，分類・整理し，語史を考え│
          │ る必要ならほかの資料を参照する          │
          └────────────────────────────────────┘
```

図 3.2 語誌研究のフローチャート（前田（2002）をもとに作成）

し，どんなに権威のある辞書であっても，その記述は人によって書かれたものである以上，絶対的に正しいとは限らない．したがって，語史を考える場合には，辞書を含めてさまざまな文献の記述を客観的な立場で正しく読み解くことが必要である（図 3.2）．

＊演習 3.1

基本課題
　自分が知っていることばの語源を 3 つあげて，説明してみよう．
発展課題
　自分が調べたい語について，図 3.2 のフォローチャートを利用して，おおまかな語史

について検討してみよう．

3.2 語の形成（造語）

3.2.1 語形成の方法

【語根創造による造語】

いままでまったく使われていなかった新しい語をつくり出すことを**語根創造**という．現代の私たちが用いている語も，もとは語根創造によって形成された語や形態素から成り立っている．現代語では語根創造による造語方法よりも，既存の語や形態素の組み合わせによる造語が多くみられるが，「ルンルン」のようなオノマトペや商品名・商標などでは語根創造の手法によって新しい語が形成されることもある．

【既存の語や形態素による造語】

既存の語や形態素による造語のなかには，要素をそのままの形で組み合わせて形成する**合成**や，そのような既存の要素の一部を用いて語を形成する**縮約**，語の成分の一部を入れ替えて形成する**倒置**，複数の既存の要素を混ぜ合わせて語を形成する**混成（混交）**，語の構造を本来とは異なる意識でとらえることによって形成する**異分析**や**逆成（逆成形）**のほかに，異なる言語体系から語を借用して形成する**借用**などがある（図3.3）．

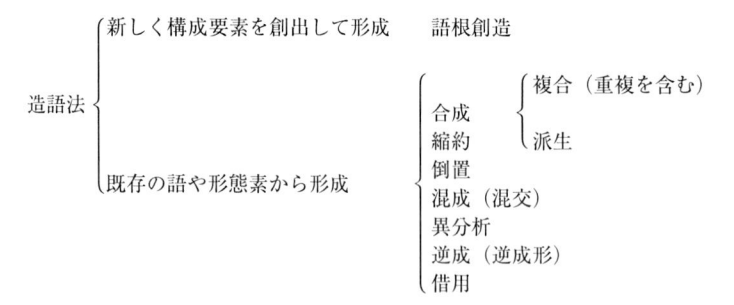

```
                ┌ 新しく構成要素を創出して形成   語根創造
                │                              ┌ 複合（重複を含む）
造語法 ─┤                              合成 ┤
                │                              └ 派生
                │                              縮約
                │                              倒置
                └ 既存の語や形態素から形成 ─┤ 混成（混交）
                                               異分析
                                               逆成（逆成形）
                                               借用
```

図 3.3 語形成の類型

3.2.2 合成
【複合と派生】

ハナ（花）・ソノ（園）のように，意味をもつ要素としては，もはやそれ以上分解できない語を**単純語**，ハナゾノ（花園）のように二つ以上の既存の造語成分を結合させることによってつくられた語を**合成語**とよぶ（1.5節「語の構成」参照）．合成語のうち，**複合語**はハナゾノ（ハナ＋ソノ）・ウゴキマワル（ウゴキ＋マワル）のように自立形式のみで複合したものであり，**派生語**はオトナブル（大人＋ブル）ハルメク（春＋メク）・オチャ（オ＋チャ）のように自立形式と接辞を結合させて派生したものをさす．

派生語は，通常，自立形式と接辞が緊密に結合しているが，複合語は，マイオドル（舞い踊る）・ヨイサワグ（酔い騒ぐ）のように，複合語として成立しているか，単なる複数の語（舞い，踊る・酔い，騒ぐ）の連続であるか判断しがたい場合もある．複合語として成立しているか否かを見分けるポイントとしては，アクセントの変化（アサ（朝）[●○]＋イチ（市）[●○] → アサイチ（朝市）[○●●○]など）や連濁の有無（アメ＋カサ → アマガサなど）が手がかりとなることがある．

【重複】

複合語のうちには，イエイエ（家々）・ハヤバヤ（早々）・ホノボノ，イロイロ・トキドキ（時々）など，同じ語彙成分を畳みかけるように重ねて形成するものがあり，この造語法によって形成されたものを，とくに**畳語**とよぶ．畳語には，上記のイエイエ・イロイロなどのようにまったく同じ造語成分を重複させる**完全重複**によるものを基本とするが，アチコチ・イザコザ・シドロモドロのように類似の語彙成分を重ねた**不完全重複**によるもの（**準畳語**）もある．

オモオモシイ（重々しい）・タケダケシイ（猛々しい）などの形容詞語幹も重複による造語法が用いられており，これも畳語の一種である．しかし，これらは自立要素オモ・タケがそれぞれ二重に複合し，それに形容詞を形成する接辞「〜シ」（古語）がつくことによって形成された派生語である．このように，重複・派生の造語法が一つの語のうちに観察されることもある．

<u>重＋重</u>＋〜し・<u>猛＋猛</u>＋〜し
　複合　　派生　複合　　派生

3.2.3 借　　用

　日本語の語彙には，「工業」「執念」などの漢語，「サッカー」「キッチン」などの外来語のように，外部の言語体系から借用した語が多く見受けられる．このように，異なる言語体系から語を借用するという語の形成法を**借用**とよぶ．借用された語は，語形・語義の面において，日本語の体系に適するかたちに置き換えられているために，すでに外国語ではなく日本語である．借用は，一般的には漢語・外来語など異なる言語体系からの借用をさすことが多い．しかしながら，これを外部借用とよび，古語や俚言(りげん)，位相語など同一言語内部からの借用（内部借用）と区別する場合もある．これは言語の共同体をどのレベルで把握するかの違いであると考えられる．

　また，語は，受け入れる側の言語に該当する概念が存在しないから借用される場合もあるが，存在しているにもかかわらず，特別なニュアンスで用いるために借用される場合もある．さらに，借用するにあたって，もとの言語体系の意味を保持する場合と，異なる意味で用いられる場合とがある．

3.2.4 縮約（省略）

【縮約による語形成と省略語】
　たとえば，ウラボン（盂蘭盆）を縮約したボン（盆）は古代からその例がみられ，ユ（湯）＋カタビラ（帷子）から形成されたユカタ（浴衣）は江戸時代に広く用いられるようになったが，このようにもとの語の一部を欠いたかたちで語を形成する造語法を**縮約**（省略）とよび，形成された語を**省略語**（略語）という．縮約による語形成は，それまで用いられていた語がなんらかのきっかけで一部を欠いたかたちで通用するようになる場合や，複合・派生など新たな造語の際にもとの語や形態素の一部を欠いたかたちで合成される場合がある．

【縮約の発生要因】
　縮約による語形成が行われる要因には，まず音節数の多い語を短縮して発音しやすくするという発音上の便宜をあげることができる．また，隠語のように省略することによって特定の集団にのみ意味が伝わるようにする目的で形成されるもの，現代の若者語のように仲間やコミュニティーの意識を確認したり高めあったりするために形成され用いられるものもある．

3.2 語の形成（造語）

【縮約のさまざま】

縮約による語形成は，前述の「ゆかた」のような和語に行われることは少なく，漢語・外来語に多いという傾向がみられる．また，縮約の方法には次のようなパターンがみられる．

- 前部省略：ネット ← インター・ネット　　バイト ← アルバイト
- 後部省略：最高裁 ← 最高裁判所　　インフレ ← インフレーション
- 中間省略：行革 ← 行政改革　　公安庁 ← 公安調査庁
- 前後省略：車検 ← 自動車検査　　内需 ← 国内需要
- 多項省略：入試 ← 入学試験　　就活 ← 就職活動
　　　　　　パソコン ← パーソナル・コンピュータ　　スマホ ← スマート・ホ（フォ）ン

現代語では，若者の世代にみられる以下のような造語も縮約の一種である．
　　コクル ← 告白する　　ジコチュー ← 自己中心的　　キモイ ← 気持ち悪い
　　ムズイ ← むずかしい

このほか，「動物＋植物 → 動植物」「中学生＋高校生 → 中高生」のように共通する語彙成分を共有する形式で縮約してつくられる略語もあり，このようなものは**略熟語**とよばれる．縮約と同時に，複数の語の混成（3.2.6項「混成」参照）によって形成されているものである．

また，略語は語レベルだけではなく，「たなぼた（← 棚からぼたもち）」「やぶへび（← やぶをつついてへびを出す）」や「アケオメ（あけましておめでとう）」のように，諺や慣用句あるいは文レベルの表現から形成される場合もある．

3.2.5　倒　　置

もとの語の成分の一部を入れ替える語形成の方法を**倒置**という．また，倒置によってつくられた語を**倒語**とよぶことがある．音節を入れ替えた例には，アラタシ（新）→ アタラシなどがあり，音素を入れ替えた例にタヨワメ（手弱女）→ タヲヤメがある．また，漢語から生じた倒置の例にはサンザカ（山茶花）→ サザンカが知られている．

倒置による造語は言い誤りのように無意識に形成されるものもあるが，「これ → れこ」「ばしょ → しょば」などのように，意識的に隠語のように用いるものも多い．

3.2.6 混成（混交）

現代語のマチガウ（間違）という語は，語義が近いマギル（紛）とチガフ（違）から成立したものと考えられている．このように，ある語が類似の別語と語形の面で混ざり合って新しく形成される造語法を**混成**，あるいは**混交**という．

語と語の混成は誤謬（ごびゅう）によって無意識のうちに発生することもあるが，それが一過性の誤りで終わらず，新たな語感・語義をもつ語として引き続き使われ，伝播したものであることから，これも新たな語形成の一つといえる．

トラフ（捕）・ツカマフ（掴）→ トラマフ（捕）
ダク（抱）・カカフ（抱）→ ダカフ（抱）
ヤブル（破）・サク（裂）→ ヤブク（破）

混成による語の形成は，中世以降に生じたものが確認されているが，次の上代の例にみえる「ユスヒ」を「ムスブ（結）」と「ユフ（結）」との混交と考える立場もある．

家の妹ろ吾を偲ふらし真ゆすひ（由須比）にゆすひ（由須比）し紐の解くらく思へば　　　　　　　　　　　　　　　　　　　　　　（万葉集，巻20・4427）

意識的に混交の造語法を用いたものは，イノシシとブタを交配したイノブタなど，とくに商品名や商標などによく見受けられる．

3.2.7 異分析と逆成（逆形成）

【異分析】
タソガレに対してタソガルという動詞が用いられる．タソガレは，彼は誰かと見紛う「誰そ彼」が〈夕暮れ時〉をさす一語として意識され成立した合成語である．これが一方で，ミダレ（乱）・シビレなど動詞の連用形から転成した名詞のように誤って意識され，タソガルという動詞が成立した．同様に，平安時代に用いられた「装束ク」（さうぞク）は，漢語の「装束」の末尾を動詞の活用語尾ととらえて，「装束きて〜」と用いたことに由来する．

このように，既存の語を本来とは異なる分析を行った結果として語が形成される場合があり，そのような造語法を**異分析**という．異分析を経て形成された語には次のようなものがある．

カイマミ（垣間見）→ カイマム　　リョウリ（料理）→ リョウル
テキタイ（敵対）→ テキタフ　　ココロミ（試）→ ココロム

サウドウ（騒動）→ サウドク

　近年，形容動詞「綺麗だ」をキレク（ナイ）・キレカッ（タ）のように誤って用いる例がみられるが，これは語幹キレイの末尾の音がウレシイ・シロイなどの形容詞の活用語尾と同じ「イ」であるところから誤って分析（異分析）され，その結果生じた誤用である．このように，異分析の例には，もとの語の構造についての意識が希薄になり，新たに生じる誤った分析に基づいて造語されたものが多いのであるが，現代では，英語 mansion に由来する外来語「マンション」に対して「億ション」という語が使われるように，意図的に異なる分析が加えられた結果，流通するようになった語もある．

【逆成（逆形成）】

　ある語の語末を誤って接尾辞や屈折（活用）語尾として分析し，その部分を取り除いてしまう造語法に**逆成**（逆形成）がある．英語では〈babysitter → babysit〉〈editor → edit〉など，多くの例をあげることができるが，日本語ではあまり例をみることができない．

＊演習 3.2

基本課題
　身近な語を5つあげて，それぞれどのような造語法が用いられているか考えてみよう．
発展課題
　近年，動詞「違う」を「違くなる」「違かった」のように誤って用いる例を耳にすることがある．このような誤用はなぜ生じるのだろうか．その原因について考えてみよう．

3.3　語　形　変　化

3.3.1　語形変化と語形交替

　語の歴史をたどっていくと，ケブリ（煙）がケムリとなるように，意味は同じでも一部語形を変えた変種が現れて既存の語形にとって代わることがある．このような，語形の通時的変化を**語形変化**という．一方，〈頭〉を表す語として，古くは「かしら」が用いられていたものが，まったく語形の異なる「あたま」に代わるような現象を**語形交替**とよぶ．

なお，用言などの活用（例：走ラ・走リ・走ル・走レ）やドイツ語の冠詞の格変化など，文法面でみられる形態のバリュエーションについても語形変化とよぶことがあるが，これらは同じ語が文中に現れる位置やはたらきによって文法的に異なるかたちをとるものであり，通時的な変化をさす語形変化とは異なる現象である．

3.3.2 さまざまな語形変化
【語形変化のパターン】

語形変化には，もとの語形に新たに音が**添加**されるものや，もとの語形の音が**脱落**あるいは**融合**するものがある．これらのなかには，コ＞コ<u>ナ</u>（粉）〈1音節→2音節〉・<u>イ</u>ダク＞ダク（抱）〈3音節→2音節〉のようにもとの語形から音節数の増減がみられる場合や，ハル<u>ア</u>メ＞ハル<u>サ</u>メ（春雨），ツ<u>キ</u>タチ＞ツ<u>イ</u>タチのように音節内で母音・子音の増減がみられるものの，音節数自体には変化がない場合もある．このほかに，音節内の母音・子音が別の音に交替する**交替**や音節の順序が入れ代わる**転倒**（転位）による語形変化もみられる．

- 音の添加：コ＞コ<u>ナ</u>（粉）　　ハル<u>ア</u>メ＞ハル<u>サ</u>メ（春雨）
- 音の脱落：ハ<u>チ</u>ス＞ハス（蓮）　　<u>イ</u>ダク＞ダク（抱）　ツ<u>キ</u>タチ＞ツ<u>イ</u>タチ
- 音の融合（相互同化）：ナ<u>ガイ</u>キ＞ナ<u>ゲ</u>キ（嘆）　　ハ<u>ラオ</u>ビ＞ハ<u>ル</u>ビ〈腹帯〉
- 音の交替：ヒ<u>キ</u>シ＞ヒ<u>ク</u>シ（低）　　<u>ホ</u>ソ＞<u>ヘ</u>ソ（臍）　　<u>ミ</u>ナ＞<u>ニ</u>ナ（蜷）
- 音の転倒（転位）：シタ<u>ツヅ</u>ミ＞シタ<u>ヅツ</u>ミ（舌鼓）　　サン<u>ザカ</u>＞サ<u>ザン</u>カ（山茶花）

【音の同化と異化】

たとえば，ヒ<u>キ</u>シ＞ヒ<u>ク</u>シ（低）はすべての音節の母音が /i/ であったものが，中間の音節の母音が /u/ に変化した例である．このように，前あるいは後の音と共通性のない音に変化する場合を**異化**という．

また，<u>ミ</u>ナ＞<u>ニ</u>ナ（蜷）は，語頭の子音 /m/ が後続する音節と同じ /n/ に変わる同化の例として説明される．なお，先行する音節の音に同化することを**順行同化**，後続する音に同化することを**逆行同化**とよび，ミナ＞ニナは逆行同化の例となる．一方，ナガイキ（naŋaiki）→ ナゲキ（naŋeki）（嘆）となる例は，母音の連続を回避したために起こった語形変化である．このような，複数の音が相互に同化し合って融合する場合を**相互同化（融合）**という．

3.3 語形変化

【母音交替と子音交替】

音の交替には,前記のヒキシ＞ヒクシや<u>ホ</u>ソ＞<u>ヘ</u>ソ(臍)のように母音が交替する場合(**母音交替**)と,<u>ミ</u>ナ＞<u>ニ</u>ナのように子音が交替する場合(**子音交替**)がある.

3.3.3 語形変化の要因

【言語的な要因による語形変化】

語形変化が引き起こされる要因はさまざまであるが,その一つにそれぞれの語に特有の音配列による発音上の便宜などの**言語的な要因**がある.たとえば,ツキタチ＞ツイタチは,第2音節の子音 /k/ が脱落した例(/ki/ → /i/)であり,発音上の便宜から生じた語形が通用するようになったものである.しかし,ミナ(蜷)と同音のミナ(皆)はニナへと変化していないように,音韻上の条件が同じでも語形変化がみられる場合とみられない場合があり,必ずしも規則的には扱えないものも多い.

【心理的な要因による変化】

他方,語源意識の影響や意味・類似の語形をもつ複数の語の混同など,**心理的な要因**によるものもみられる.たとえば,地名のミチノク(陸奥)は,本来ミチ(道)ノオク(奥)が縮約されたものであるが,平安時代になるとミチノクニという語形が散見されるようになる.これはイヅモノクニ(出雲の国)・ヒタチノクニ(常陸の国)など国名に多く用いられる「～ノクニ」の語形がみえることから,地名に直接「～ノクニ」がつくという**類推**がはたらいて現れた語形変化の例である.

このような語形変化は,類推の結果,異分析(3.2節「語の形成」参照)による語の再形成が行われたものと考えることもできる.アラタシ＞アタラシ(新)は,類似の語形をもつ語「惜し」が混同されて引き起こされた変化の例である.

【語形変化と音韻変化】

イトホシ → イトオシイ,カフ → カウ(飼)などのように語中・語尾のハ行音がワ行音に発音される,いわゆるハ行転呼によって,またマウス → モース(申す),サウタウ → ソートー(相当)のようにオ段長音の開合の別が失われたことによって,語形はそれぞれ変化している.しかし,これらの場合,ある時期,ある地域において,一定の条件のもとに規則的な**音韻変化**が生じたものであるから,音韻の問題として扱われることが普通である.一方,ここで扱う語形変化の

場合は，前記のミナ（蜷・皆）の例のように規則的には扱えないものが多く，個別にその要因を検討する必要がある．

＊演習3.3
基本課題
次の語形変化は，どのようなものとして説明できるか3.3.2項「さまざまな語形変化」を参考に考えてみよう．
  (a) アカトキ＞アカツキ（暁）　　(b) モグラモチ＞モグラ
  (c) タレ＞ダレ（誰）　　(d) シダラナシ＞ダラシナイ

発展課題
「因縁（インエン＞インネン）」や「三位（サンイ＞サンミ）」など，連声の例はどのような変化としてとらえることができるだろうか考えてみよう．

3.4 意 味 変 化

3.4.1 意味変化とは
【意味変化と原義】
　語形と同様に語の意味も時間の経過とともに変化していくことがある．これを語の**意味変化**（語義変化）とよび，もとの意味を**原義**という．たとえば，〈退屈〉の原義は「困難に対して退き屈すること」であったが，意味変化を起こして「嫌気がさして気力を失うこと」を表すようになり，やがて現代語にみられるような「飽きて，することがなく暇をもてあますこと」を表す語として用いられるようになった．

【意味の交替（移行）】
　意味変化は原義から新たな意味が生じるところからはじまるが，ある時点で複数の語義が認められるようになった場合，その語は多義語となる．一方，原義が忘れられて新たに別の意味で用いられるようになった場合，これを**意味の交替（移行）**と呼んでいる．古語と現代語で意味が違うと感じる語は，いずれかの時期にこのような意味の交替（移行）が生じたものである．（表3.1）

表 3.1 意味の交替（移行）

語 形	古語の意味		現代語の意味
シル（知る）	領有する・支配する	→	理解している
ツラシ（つらい）	薄情だ・冷淡だ	→	精神的に苦痛である
ムツカシ（むずかしい）	不快だ・いやだ	→	困難である
アリガタシ（ありがたい）	めったにない	→	感謝したい状態である
イマイマシ（いまいましい）	不吉だ	→	腹立たしい
ヤガテ	そのまま・すぐに	→	まもなく

3.4.2 意味変化のパターン

【意味の拡大と縮小】

　ある語が，なんらかのきっかけで原義よりも幅広い意味で用いられるようになる場合がある．これを**意味の拡張（拡大）**，または**一般化**という．一方，これとは逆に，原義がもっていた意味が特殊な領域に狭められる場合もある．これを**意味の縮小**，または**特殊化**とよぶ．意味の拡大・縮小は，いずれもその語が表す意味の範囲が変化したものである．

(1)意味の拡張
- 瀬戸物：瀬戸で製造された陶磁器 ＞ 陶磁器一般に拡大
- ごはん：米をといで炊いた食物 ＞ 食事一般に拡大

(2)意味の縮小
- つま：夫婦や恋人に対する互いの呼称 ＞ 妻に限定
- 障子：仕切りとして立てる建具の総称 ＞ 明かり障子に限定

　外来語が原語から借用される際には，たとえばドイツ語の Arbeit（独：〈はたらくこと〉→ 日〈臨時の労働〉）と変化して借用されたように，意味の縮小，または特殊化の傾向がみられることが多い．このように意味の範囲の変化は異言語間での語の受容の段階で起こることがある．

【意味の抽象化】

　具体的な身体の一部をさすアシ〈足〉が「仕事で遅くなって，帰りの足がなくなった」のように，〈交通手段〉の意味に抽象化して用いられることがある．これは，具体物を示す原義が抽象概念へと変化する意味変化のパターンの例である．
- 腕：身体部位の〈腕〉＞ 職人としての腕をあげる．（〈技量〉の意）
- お茶：飲み物の〈茶〉＞ ちょっとお茶にしよう．（〈休憩〉の意）

- めし：米をといで炊いた食物 ＞ この仕事でめしを食っている．（〈生計〉の意）

【共感覚による意味変化】

「甘い菓子」のように味覚を表すアマイが「甘い初恋」と使われるように，感覚上の類似性によって意味変化する場合がある．これらの例は隠喩（metaphor）として説明されることもある．

明るい陽射し ＞ 明るい性格　　苦い薬 ＞ 苦い表情　　うるさい爆音 ＞ 礼儀にうるさい人　　冷たい水 ＞ 冷たい人　　くさい匂い ＞ くさい芝居　　傷が痛む ＞ 悲報に胸が痛む

【意味の転移】

人体を支えるアシ（足）は，テーブルのアシにも転用されるが，これは指示物に役割や形状など，なんらかの類似性が認められるからである．また，〈歯〉がその形状の類似から下駄や櫛についても用いられるようになる場合もある．

これらは，その類似性によって意味の転移が生じた例である．

【価値・評価の上昇と下落】

意味変化は，〈概念〉だけではなく，その語が表す〈語感〉や〈価値・評価〉の面にも表れる変化を含めて考える必要がある．たとえば，「おまえ」という語は，もとは敬意を払うべき相手に対する人称代名詞〈御前〉として用いられていたが，江戸時代後期には対等もしくは目下の者に対して用いられるようになり，敬意の面での評価の下落が認められる．

このように，語の意味を原義と比較した場合に，その語が表す価値や評価に下落，または上昇という変化が認められることがある．一般に，意味の価値・評価の変化は上昇よりも下落の場合が多く見受けられるが，とりわけ，「おまえ」のような敬意を表す語には，原義よりも評価が下落しやすい傾向がある．

(1) 評価の上昇
- 果報〈善悪にかかわらず因縁によって生じた報い〉→〈幸運・幸せ〉
- 天気〈晴れ・曇り・雨など天候全般〉→〈晴れ・好天〉

(2) 評価の下落
- 貴様〈目上に対する対称〉→〈同等あるいは目下に対する対称〉
- 因果〈原因と結果〉→〈悪業の報い・不幸〉

ただし，上記の評価の上昇の例については，プラス評価にもマイナス評価にも用いられていたものが，プラスの評価の意味に限定して用いられるようになった

ものとして説明することも可能であるので，これらについては意味の縮小（特殊化）として説明される場合もある．

3.4.3 意味変化の要因

語の意味変化は，音や指示物の類似など，語形や語義の面にみられるなんらかの類似性・近接性など，さまざまな要因を契機として起こることが多い．そのおもな要因として，**言語的な要因**，**歴史的な要因**，**社会的な要因**，**心理的な要因**をあげることができる．

【言語的な要因】

語と語の結合が習慣的に行われることによって意味が変化する場合は，語の共起関係によって意味変化が生じるものであるため，言語的な要因による変化と考えられる．

例）「しあわせ（仕合）」は，「一段仕合はせがようござる」（虎明本狂言，福の神）のように中立的な〈事態のなりゆき〉を表していたが，やがて〈良い〉を吸収して〈幸運〉の意味で用いられるようになった．

【歴史的な要因】

科学・技術の進歩や制度・風俗などの変化による要因によるものは，歴史的な要因による変化と考えられる．

例）「くるま」は，二輪の車など，人や牛馬によって引かれるものが〈自動車〉を表す語に変化した．

【社会的な要因】

ある集団で用いられていた位相語が一般化したり，逆に位相語化したりすることによって，意味変化を起こす場合は，社会的要因による変化と考えられる．

例）「水揚げ」は〈船の荷を陸に揚げること〉を表したが，遊廓では〈遊女や芸妓がはじめて客と接すること〉を表すようになった．

【心理的な要因】

禁忌（タブー）に触れないように直接的な表現を避けようとする心理的な要因によって意味が変化することがある．このような心理的な要因には，禁忌以外に情緒・感覚・欲求・願望などをあげることができる．

例）「手洗い」〈手を洗うこと〉や「用足し」〈用事を済ませること〉が，婉曲的にトイレを意味するようになった．

＊演習 3.4

基本課題

(I) 次の語は，どのような意味変化をたどったものか調べてみよう．
　　(a) すさまじい　　(b) くるま（車）　　(c) 挨拶　　(d) 普請
　　(e) 知識　　　　　(f) 着物　　　　　　(g) さかな　(h) けしき（景色）

(II) 「しあわせ」という語の意味を『日本国語大辞典』（小学館）や『角川古語大辞典』（角川書店）などで調べて，意味変化のようすを調べてみよう．

発展課題

「やがて」という語の例をできる限り幅広く集めてみて，意味の変化のようすを調べてみよう．

3.5 語　彙　史

3.5.1 語彙の歴史的変化

　語彙は，あるまとまりをもつ語の集合であり，語彙史はその歴史的変化を記述したものである．語彙は，社会や文化の変化を直接あるいは間接に反映しながら移り変わっていくが，日本語について，それぞれの時代の特徴をあげると次のようになる．

【奈良時代以前（上代）】
- 語彙のほとんどが和語で占められ，意味の範囲の広い語が多い．
- 語構成が単純で，音節数の少ない語が多い．
- 漢語・梵語出自の語が一部で借用されていた．

【平安時代（中古）】
- 語彙の多くは和語で占められていたが，漢語も次第に増えてきた．
- 複合語・派生語など，前代よりも複雑な構造をもつ語が増えてきた．
- 和文体と漢文訓読体という文体による語の使用の相違がみられた．

【院政期・鎌倉・室町時代（中世）】
- 漢語が広く借用され，和製漢語の使用も目立つようになる．
- 漢語を構成要素とするサ変動詞・副詞・形容動詞などが広く使用された．
- 新たに唐音による漢語が用いられるようになった．

- 女房ことば・武者ことば（武士ことば）のような特異な位相の語や表現がみられた．
- 外来語（おもにポルトガル語出自の語）が用いられるようになった．

【江戸時代（近世）】
- 上方語と江戸語に違いがみられる．
- 後期には，現代語に近い語も多く用いられるようになっている．
- 漢語の使用が一般化した．
- 身分制度が定着し，階層・職業・性などによる語彙の位相差が顕著になった．
- 女房詞が女性に一般化し，新たに郭ことば・奴ことばなど特異な位相語が現れた．
- オランダ語出自の外来語が借用された．

【明治時代以降（近・現代）】
- 漢語がさらに多用されるようになり，和製漢語も急激に増加した．
- 漢語が異なり語数で和語を凌ぐほど増加した．
- 英語・ドイツ語・フランス語などを出自とする外来語が増加した．
- 和製の外来語が用いられるようになった．

3.5.2 語種の面からみた語彙史

日本語の起源についてはさまざまな議論がみられるが，語の末尾が母音となる開音節の特徴をもつことから，南方系のアウストロネシア語族の言語と共通する点が注目されている．一方，文法面においては，膠着語の特徴をもつ北方系のモンゴル語や朝鮮語との関係も注目されており，少なくとも二つの言語が層状に重なって成立したものと考えられる．

こうして形成された原日本語の語彙は，和語（やまとことば）として位置付けられるが，そこに漢語・外来語が相次いで借用されて定着し，それに伴って混種語が生み出されていったというのが語種の面からみた語彙史の大きな流れである．

【漢語の増加】

漢語の借用は，奈良時代以前から行われており，『万葉集』に「力士舞」などの漢語を含む混種語が用いられていることからも，一部の漢語がすでに定着していたとみられる．漢語は平安時代以降も引き続き受け入れられ，ほぼ100%を占めていた和語の占有率は少しずつ低下し，逆に漢語がその占有率を伸ばしていった

(宮島, 1967). 明治期には西洋文化を受容する必要性から, 翻訳語に漢語が用いられたこともあって漢語が急増した. 近代雑誌コーパスを用いた調査（田中, 2010）によると, 漢語は明治期に異なり語数で7割を超えていたが, 大正期にはその波もやや収束して6割程度に減少し, 現代語では延べ語数において和語が優勢であるが, 異なり語数では漢語のほうが優勢になっている.

【外来語（洋語）受容の傾向】

外来語は16世紀半ば以降, 西洋諸国の勢力が東漸するとともに流入したが, 江戸時代に入ると鎖国体制に移行したために, その時期に受容された語はパン・タバコ・ジュバンなど, 衣食住にかかわる少数の語に限られた. しかし, 江戸時代の末期から明治にかけて, 西洋の技術・文化を吸収する必要が生じたために, 新たに外来語が使用されるようになった. 現代では, とりわけ第二次世界大戦後に欧米の文化が積極的に摂取されたことを受けて, 英語出自の外来語の使用が盛んになっている. 国立国語研究所の現代雑誌を対象とする語彙調査によると, 1994年の時点では異なり語数で, 外来語（30.7%）は和語（27.7%）を超えて, 漢語（35.5%）につぐ使用比率を示しており, 現代日本語の語彙に占める外来語の割合は急速に伸びている（図3.12参照）.

【混種語の状況】

混種語は,「スポーツ大会」「バス停」など異種の語が合成されることによって形成される語種であるため, 単独の語種による和語や漢語に比べると非常に少ない（図3.4）. しかし, 借用語が増加するに伴ってさまざまな出自の語が定着し, 少しずつ増加する傾向にある. 今後は, さらに新たな混種語が形成される機会も増えていくと考えられる.

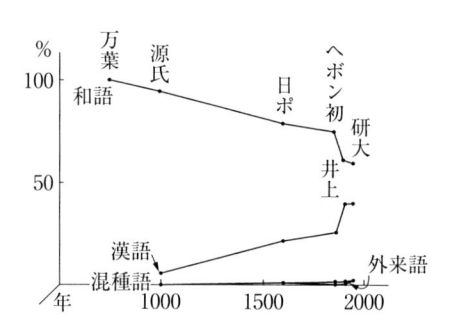

図3.4 現代語によく使われる1000語の語種別出現数の変遷（宮島, 1967）

3.5.3 文学作品のジャンルと語彙史

語種の面からその歴史を大きくとらえると, 前記のように漢語が増加し, 和語の占有率は低下していったといえるが, その根拠となる資料の性格に目を向けると, たとえば歌集はおもに和語で占められるのに対して, 漢文（訓読）の影響を

受けた資料では漢語が多用されているなど，資料の文体や用語法によって語種の比率には大きな偏りがみられる．

表3.2は，上代から中世までの古典文学作品にみえる和語・漢語・混種語の使用比率について調査された資料である（宮島，1971）．

このうち異なり語数をみると，『万葉集』（8世紀後半成立）から『徒然草』（14世紀前半成立）まで，全体的には時代の移り変わりとともに和語の使用率が低下し，逆に漢語が上昇していくことが指摘できる．しかし，作品のジャンルに目を向けると，歌集の『万葉集』『古今和歌集』『後撰和歌集』では漢語が0.2%以下でとくに少なく，散文資料の『竹取物語』『伊勢物語』『土佐日記』のほうが漢語の使用率が高い．また，『大鏡』『方丈記』『徒然草』では，漢語の使用率がさらに高まり2割を超えているが，これらが和漢混淆文の影響が認められる資料である点についても考慮する必要もある．したがって，全体的な漢語の増加傾向は認められるものの，個々の詳細については，それぞれの文体や資料の性格を考慮しながら把握する必要がある．

3.5.4 品詞と意味からみた語彙史
【古語の残存率】

古典に用いられた古語は，現代語にどのくらい残存しているのだろうか．この疑問に対して，『万葉集』『枕草子』『源氏物語』『徒然草』の4作品と『類聚名義抄』に共通して用いられた706語を対象に，現代語での残存率と意味変化の様相について検討した調査（大野，1958）がある．それによると，現代まで残存している語は80%近くを占め，そのうち同じ意味で用いられている語は533語（75.5%）であるのに対して，「あした」「ことわり」のように語形は残っているが意味が異なるものは20語（2.8%）であったという．この結果から，基本的な古語の多くが語形・語義を保ちながら用いられ続けているようすをみることができる．また，品詞別では，名詞や動詞では同じ意味で残存している割合が高く，形容詞・形容動詞でやや低

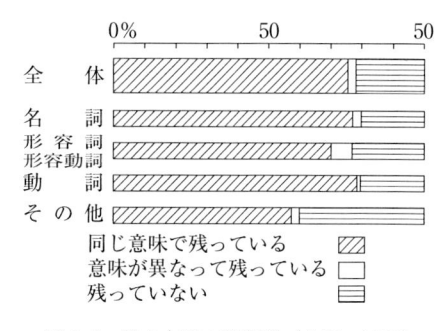

図3.5 基本古語の残存数（大野，1958）

第3章 ことばの歴史

表 3.2 語種別統計表（異なり語数・延べ語数）（宮島, 1971）

( ) 内は %

		徒然	方丈	大鏡	更級	紫	源氏	枕	蜻蛉	後撰	土佐	古今	伊勢	竹取	万葉	計
異なり語数	和語	2909 (68.6)	896 (78.0)	3259 (67.6)	1770 (90.8)	2104 (85.3)	9953 (87.1)	4415 (84.1)	3279 (91.1)	1916 (99.6)	926 (94.1)	1991 (99.8)	1586 (93.7)	1202 (91.7)	6478 (99.6)	19676 (82.4)
	漢語	1191 (28.1)	231 (20.1)	1330 (27.6)	146 (7.5)	277 (11.2)	1008 (8.8)	641 (12.2)	236 (6.6)	6 (0.3)	44 (4.5)	2 (0.1)	89 (5.3)	88 (6.7)	20 (0.3)	3255 (13.6)
	混種語	142 (3.3)	21 (1.8)	230 (4.8)	34 (1.7)	87 (3.5)	462 (4.0)	191 (3.6)	83 (2.3)	1 (0.1)	14 (1.4)	1 (0.1)	17 (1.0)	21 (1.6)	7 (0.1)	949 (4.0)
	計	4242	1148	4819	1950	2468	11423	5247	3598	1923	984	1994	1692	1311	6505	23880
延べ語数	和語	14826 (86.6)	2235 (88.4)	23902 (81.8)	6891 (95.1)	7732 (88.5)	198684 (95.6)	30245 (91.9)	21459 (95.8)	11933 (99.8)	3369 (96.4)	10011 (100.0)	6729 (97.1)	4864 (94.9)	50031 (99.9)	392911 (94.6)
	漢語	2074 (12.1)	268 (10.6)	4549 (15.6)	295 (4.1)	852 (9.8)	7116 (3.4)	2169 (6.6)	778 (3.5)	21 (0.2)	103 (2.9)	2 (0.0)	183 (2.6)	220 (4.3)	25 (0.1)	18655 (4.5)
	混種語	214 (1.3)	24 (0.9)	761 (2.6)	57 (0.8)	153 (1.8)	2008 (1.0)	492 (1.5)	161 (0.7)	1 (0.0)	24 (0.7)	2 (0.0)	19 (0.3)	40 (0.8)	14 (0.0)	3970 (1.0)
	計	17114	2527	29212	7243	8737	207808	32906	22398	11955	3496	10015	6931	5124	50070	415536

語種の認定は『新潮国語辞典』による。
「漢語」には、「アマ（尼）」「カハラ（瓦）」など梵語を含む。

いという結果が表れており，品詞によって古語の残存率に異なりのあることがわかる（図3.5）．

＊演習3.5
基本課題
表3.2「語種別統計表」を用いて，語種別に古典語の異なり語数と延べ語数との関係について説明してみよう．
発展課題
平安時代には和文体・漢文訓読体などの文体が用いられたが，文体が語彙に及ぼす影響について考えてみよう．

3.6 和語の歴史

3.6.1 和語の位置づけ

和語は，名詞に偏る漢語・外来語とは違って，すべての品詞に分布しており，古代から基本的な語として使い続けられてきた．とりわけ文法的なはたらきを示す「は・が・を・ぞ・ばかり・けり・なり」などの助詞・助動詞類は，一部の語〈やうなり（様なり）・ようだ（様だ）など〉を除いて和語で占められている．

意味の面では，「みる（見・観・診・看・視）」のように，一つの語が表し示す範囲が比較的広く，分野ではイシ（石）・クモ（雲），ヒカル（光る）などのような自然物や自然現象を表す語が多く含まれているが，抽象的な概念を担う語が少ないという傾向にある．また，音韻の面では，語頭にラ行音・濁音が現れないという制約があり，当初はコ（籠）・カ（鹿）・ト（跡）のように音節数の少ない語が多いという特徴をもっていた．

3.6.2 奈良時代以前の資料にみられる和語
【古代の資料にみられる和語】

3紀ごろの中国の史書『魏書』の「東夷伝倭人条」（魏志倭人伝）には，漢字を用いて和語を音写した「邪馬臺（国）」「卑弥呼」のような国名・人名などの固有名詞が記録されている．また，倭の国々の長官・副官の官名などが，対馬国では

「卑狗」「卑奴母離」，投馬国では「彌彌」「彌彌那利」などであったという記述もみえ，これらが現存する資料に書き残された最も古い和語として考えられるものである．

また，国内で発見された最古級の資料では，5世紀ごろの金石文（稲荷山古墳出土金象嵌鉄剣銘文）に，人名として「乎獲居」「意富比垝」「獲加多支鹵」など9語，地名として1語（「斯鬼」）の和語がみえる．「乎獲居」の「〜獲居」は，この銘文に「弖已加利獲居」「多加披次獲居」「多沙鬼獲居」などともあり，このころの人名呼称に用いられた造語成分と考えられる(注3)．

また，固有名詞以外では，江田船山古墳出土銀象嵌大刀銘文に「八十練」の大刀をつくったとする記述がみられ，この「八十」をヤソと読むとすると，助数詞の和語が含まれていることになる．このほかに比較的古いものとしては，藤原宮から出土した木簡に「阿由」「布奈」「佐目」「阿遅」「伊委之」などの海産物名が記されている．このように，金石文や木簡などから断片的ではあるが，当時の和語の使用状況を知ることができる．ただし，資料面での制約があり，当時の和語の全貌については十分明らかになっていない．

3.6.3 和語の語形変化

和語の基本的な語の多くは，ヤマ（山）・クチ（口）・ウヘ（上）・オフ（負）など，語形の面で古くから変わらず安定的に用いられているが，なかには音節数を変えるものや語基や接辞が結合して合成語となるものなど，語形変化を経て現代に伝わるものもある．

【単音節語の減少】

奈良時代以前の和語には，ネ（峰・嶺）・ハ（端）・コ（蚕）のような単音節の語が多く含まれている．しかし，阪倉（1993）によると，上代に148語みられた単音節語が，平安時代にはほぼ半減し（『和名類聚抄』62語，平安時代の文学用語79語），さらに現代語では48語に減少しているという．単音節語が奈良時代から平安時代にかけて大きく減少した理由については，いろいろと考えられるが，その一つに奈良時代までの音韻体系が平安時代に入ると大きく変化し，甲類・乙類の仮名に書き分けられていた音韻が混同されるようになったため，同音語を区別する必要が生じたことがあげられる．

(注3) 万葉仮名の読みについては異説もみられる．

3.6 和語の歴史

表 3.3 単音節語の複音節語化パターン

---
(1) 前後に接辞を添加する方法
　・接頭辞を添加　　例）ね　→　みね（峰・嶺）　　と　→　かど（門）
　・接尾辞を添加　　例）は　→　はし（端）　　　　ゑ　→　ゑだ（枝）
(2) 説明的要素を前後に添加する方法
　・前部に添加　　　例）こ　→　かひこ（蚕）　　　え　→　いりえ（江）
　・後部に添加　　　例）う　→　うさぎ（兎）　　　ゐ　→　ゐのしし（猪）
(3) 同音反復など語形を拡張する方法
　　　　　　　　　　例）ち　→　ちち（乳・父）

【和語による合成語の変遷】

　和語は一般に、造語力があまり高くないと説明される場合が多い．確かに漢語と比べるとそのようにもいえるが、意外に複合語や派生語など、多くの合成語が生み出されてきたことも事実である．

【和語による複合語の形成】

　たとえば「川」を前項とする語をあげると、「かはぎし（川岸）」「かはぎり（川霧）」「かはと（川音）」「かはべ（川辺）」「かはら（川原）」などは奈良時代の『万葉集』から用いられている．平安時代に入ると、資料が多様化したことにもよるが、「こころもとなし」「おもひしる」「ものはかなし」などの〈心～〉〈思ひ～〉〈もの～〉など、さまざまな複合語が用いられるようになる．

【和語による派生語の形成】

　接辞を伴う合成語についても、「うちみる」「ひきとどむ」など「うち」「ひき」を接頭語とするものは『万葉集』にすでにその例があり、平安時代以降の和文体にはさらに活発に用いられている．

　また、接尾語を伴うものも、同じく「安らけし」「若らか（なり）」「高やか（なり）」「あはれげ（なり）」にみえる「けし」「らか」「やか」「げ」などによって多くの合成語が用いられている．しかし、これらの接尾語の造語力はその後しだいに衰え、現代まで伝えられているのは「明らか」「さわやか」「楽しげ」など一部の語に限られている．

　さらに、漢籍の翻訳に伴う語法から生み出された「いはむや（況）」「いはゆる（所謂）」のような訓読語も和語による合成語の一種といえる．

【和語による合成語の生産と消滅】

　このように、和語は奈良時代以前から時代を追って新たな合成語を生み出して

きた．和語を生産する接辞「けし」「らか」「やか」によって生み出された「安らけし」「若らか（なり）」「高やか（なり）」のように消滅したものもあるが，「やす〈安〉」「わか〈若〉」「たか〈高〉」のような語基は，時代を通じて失われることなく現代も用いられ続けているものが多い．

3.6.4 和語の意味変化

和語は，古代から日本語の基本的な概念を表す語彙の層を安定的に形成してきたが，使われ続けていく過程で意味の拡張・縮小などの意味変化がみられるものも多い．

たとえば，「あつし／い」「さむし／い」「つめたし／い」などの感覚語彙では，その語が成立したときの意味を変えずに保有し現在に至っているが，「かなし（い）」「おもしろし／い」「こころもとなし／い」のような感情語彙では意味変化が起こりやすく，その語の寿命も短いという指摘がある（山口, 1982）．感覚語彙のほうが基本的な語しかなく，さし示される感覚と語との関係が具体的であるのに対して，感情語彙のほうは網の目のように意味分化しているので，語と語との意味の差が小さく，そのため混同されて，意味が変化しやすいからである．

【和語の意味変化の傾向と品詞】

和語のなかでも形容詞は，全般的に抽象的な事物の性質・状態を表す語彙であるので意味が変化しやすい傾向にある．一方，具体的な事物を表す名詞は，たとえば平安・鎌倉時代などではおもに〈牛車〉を表した「くるま」が，現代では〈自動車〉を表すように，その事物の受容や変化によって意味変化を起こす場合もある．しかし，「はしる」「すぎる」のような事柄の変化・推移を表す動詞は基本的な部分において大きな意味変化がみられないことが多い．

ただし，和語は漢語・外来語・混種語よりもさし示す意味の範囲が広いために多義化しやすく，その結果，意味の拡張（3.4.2 項「意味変化のパターン」参照）を起こしやすい傾向にある．

3.6.5 和語の使用意識

【歌語意識の萌芽と和語】

奈良時代に編集された『万葉集』には和語が異なり語数で約 6500 語確認できる．そのなかには，同じ和語であっても歌に用いる語（歌語）とそれ以外の語と

3.6 和語の歴史

が区別されているようすをみることができる．たとえば，「かへる」「つる」は，訓借仮名として「もみつか<u>かへる</u>て（蝦手）見る毎に」（万葉集，1623），「相見<u>つる</u>かも（鶴鴨）」（万葉集，81）のように用いられているが，生物の〈蛙〉〈鶴〉を表す場合には「かへる」「つる」ではなく，「かはづ」「たづ」が用いられている．このことは，奈良時代には同じ和語であっても，歌語と日常語を使い分ける意識がすでに芽生えていたことを示すものである．

【和文語と訓読語の使用意識】

大陸から伝えられた文献は，奈良時代まで多く中国音（字音）で音読されていたようであるが，平安時代になると，漢文を日本語の読み方で読む訓読の手法が次第に定着していくようになった．漢文訓読に用いられた語には，そのまま字音で読む漢語のほか，「スミヤカナリ」「マサニ（〜ベシ）」など和訓による表現が用いられた．そして，これら訓による語は一種の翻訳語として硬い漢文脈の文章に用いられ，やがて平安時代後期になると，日常語として用いる和文語と区別して使用されるものもあった（表3.4）．

これらの訓読語はやまとことばが異言語と接触することによって生み出されたものであり，その後，時代によって多少の変化はあったが，そのうちの多くは明治以降の文語文に用いる語彙に受け継がれた．

表3.4 平安時代の和文語と訓読語

和文語	訓読語	和文語	訓読語
いみじく	はなはだ	やうやう	やうやく
まだ	いまだ	かたみに	たがひに
みそかに	ひそかに	かねて	あらかじめ

【和語と漢語の使用意識】

和語は，歌語や訓読語など特異な場面で用いられたものもあるが，それら以外の多くは日常語として用いられる平易な言葉であった．一方，大陸の文物や知識とともに日常生活にさまざまな漢語がもたらされ，広く定着するようになると，同じ事物を表す場合に，和語と漢語の両者を使い分ける意識が育っていった．その際，身近な和語よりも外来の知識を背景とする漢語のほうが目新しく高尚であるとする価値観が形成されたようである．

そのような風潮に対して，鎌倉時代の僧侶慈円は，史論書『愚管抄』において，漢語よりも和語を多く用いて著し，和語の表現が的確で平易であることを主張している．

　　ムゲニ軽々ナル事バ共ノヲヽクテ，ハタト・ムズト・キト・シヤクト・キヨトナ
　　ド云事ノミヲホクカキテ侍ル事ハ，和語ノ本体ニテハコレガ侍ベキトヲボユルナリ．
　　訓ノヨミナレド，心ヲサシツメテ字尺ニアラハシタル事ハ，猶心ノヒロガヌナリ．
　　真名ノ文字ニハスグレヌコトバノムゲニタヾ事ナルヤウナルコトバコソ，日本国ノ
　　コトバノ本体ナルベケレ．　　　　　　　　　　　　　　　　　　　　（愚管抄）

これは，漢語の使用が広がるなかで，安易に漢語に頼らず和語のもつ利点を見直すことを述べたものであり，当時の和語と漢語の使用意識の一端をうかがうことができる．

＊演習 3.6

基本課題
和文語と漢文訓読語は，上記（表 3.4）以外にどのようなものがあるか調べてみよう．

発展課題
慈円は上記の『愚管抄』の一節で，具体的にどのようなことを述べているのかもう少し詳しく考えてみよう．

3.7　漢　語　の　歴　史

3.7.1　漢語の流入

【借用語としての漢語】

借用語である漢語や外来語は，新しい文物や概念が日本に移入される際などに日本語のなかにもち込まれた語であることが多い．そのため，おもに名詞に偏って分布しているが，歴史を経て日本語のなかに浸透していった漢語のなかには，「具す・怨ず」のようにサ変動詞「す」と複合して動詞として用いられたり，「不便なり・艶なり」のように形容動詞の語幹となったり，「頓に・随分に」のように副詞として用いられるようになったりしたものも多くみられる．

漢語が日本語に取り入れられはじめたのは，奈良時代以前のことであり，和語

として受け止められている「うま（馬）・うめ（梅）・きく（菊）」なども，もとは漢語出自であることが知られている．(1.4.2項「和語」参照) しかしながら，このような語は漢語として意識されていないので，和語として扱うことが普通である．

【奈良時代以前の漢語】

奈良時代以前の資料の多くは漢字漢文で書かれており，当初大陸の漢字音で読まれていた．そのため，そこに記された語は外国語であって，日本語の語彙体系に組み込まれた語であるとは言いがたい．しかし，漢字を仮名（万葉仮名）として用いながら，和語を主体として詠まれた『万葉集』をみると，そこにはわずかであるが，日本語のなかに借用された漢語といってよい語を見出すことができる．『古典対照語い表』（表3.2）によると，『万葉集』に用いられた漢語の語数は20語，全体に占める割合は異なり語数で0.3%，延べ語数で0.1%である．

　　過所なしに関飛び越ゆるほととぎすまにく吾子にもやまず通はむ

(巻15・3754)

　　相思はぬ人を思ふは大寺の餓鬼の後にぬかづくがごと　　(巻4・608)
　　布施置きて我は乞ひ祷むあざむかず直に率去きて天路知らしめ　(巻5・906)

「過所」は〈関所の通行許可証〉を意味する漢語で，『万葉集』には，「餓鬼（梵語 preta から）」「布施（梵語 dana から）」などの梵語を漢語訳した仏教関係の語のほかに，「双六・香・功」などの文物・概念を表す漢語が用いられている．

『万葉集』は歌集であるから，和語が中心で漢語は積極的に使用されない傾向がある．しかし，そこにも一部の漢語が見出されるということは，当時の人びとの生活のなかで少しずつ漢語が使用されていたことを物語っている．

【平安時代の漢語】

平安時代になると，漢語は，物語など和語を主体とする仮名資料にも広く用いられるようになった．たとえば，『源氏物語』には，「宿世・本意・道理」をはじめ，広く漢語の使用が認められ，名詞のほかにも漢語サ変動詞や形容動詞語幹，また副詞など品詞も多岐にわたっている．すなわち，この時期には漢語が日本語の造語成分として次第に使用量が増加し，日本語の一部として着実に取り入れられていったことがわかる．

ただし，和文に占める漢語の割合はまだ10%程度であり，また，その使用者もおもに学者や僧侶，貴族・武士階層など識字層の男性であった．例外としては，たとえば『源氏物語』に「月頃，風病重きに堪へかねて，極熱の薬草を服して…」

（「帚木」）と漢語を多用する博士の娘が登場するが，その場合も若い貴公子たちの嘲笑の対象として描かれており，女性の漢語の使用は一般的に避けられる傾向にあった．

3.7.2 漢語の浸透
【鎌倉・室町時代の漢語使用】
　漢語は平安時代から鎌倉・室町時代にかけてしだいに日常的な語として多用されるようになり，口語の語彙体系にも徐々に浸透していった．このことは，文字文化の担い手が皇族・貴族だけではなく，武士から一部の庶民にまで拡大したことによるところが大きいものと考えられる．そのなかには，次のように，現代語と読みが異なるものもみられる．

　　［読みの違い］：擁護（おうご）　決定（けっちゃう）　食物（じきもつ）　発言（はつげん）　希望（けまう）　飢渇（けかつ）　快楽（けらく）
　　　　内外（ないげ）　没収（もっしゅ）　集会（しゅゑ）　見聞（けもん）
　　［清濁の違い］：安心（あんどん）　庵室（あんじつ）　決定（けっちゃう）　境界（きゃうがい）　飛行（ひぎゃう）　不定（ふぢやう）　平均（へいぎん）
　　　　微細（みさい）　妄想（まうざう）　兵士（ひやうじ）

　また，漢字音については奈良時代初期までに呉音，遣唐使らによって漢音が伝えられていたが，鎌倉時代以降，新たに禅宗とともに伝えられた唐音（宋音）による漢語が用いられるようにもなった．

　　椅子（いす）　行灯（あんどん）　暖簾（のうれん）　蝋燭（らふそく）　索麺（さうめん）　饂飩（うどん）　羊羹（やうかん）　行脚（あんぎや）　挑燈（ちやうちん）
　　蒲団（ふとん）　扇子（せんす）　暖気（のんき）

3.7.3 漢語使用の拡大
【近世の漢語使用】
　徳川幕府は漢学を奨励したため，その影響は武士だけではなく，町人階層にも及び，識字層は拡大していった．また，実用的な辞書である「節用集」が用いられるようになった影響もあって，漢語は広く普及し定着していった[注4]．
　そのため基本的な漢語は日常的に用いられるようになっていたが，使い続けられていくうちに，たとえば「そうだん（相談）・せんさく（詮索）・けんやく（倹約）・ろふぜき（狼藉）・あくたい（悪態）」などのように仮名でも表記される語が増えていった．このことは，漢語が通俗化し，漢字を十分に読み書きできない階

(注4) ただし，武士階層と町人階層が受ける教育には隔たりがあったようである．

3.7 漢語の歴史

層にも漢語が理解され普及していたことを示しているものと思われる．

【幕末・明治以降の漢語使用】

　幕末は，蘭学に引き続き洋学が受け入れられるようになった．さらに明治期に入ると文明開化のうねりのなか，西洋の思想や技術・概念が，本格的に摂取されるようになり，既存の語では欧米の文物や概念に十分対応できず，新しい意味に対して明晰な語義を示すことができる漢語が多用された．この時期に導入された漢語を新漢語という．新漢語は、漢訳洋書や「英華辞典」などに見える中国語から直接借用したもの，中国古典にみえる語を近代的な意味に置き換えて転用したもの，新しく形成された和製漢語（3.7.4項「和製漢語の量産」参照）に分類される．

　　　中国語から直接借用　　　電気・鉄道・地球・銀行・恋愛・直径・新聞
　　　中国の古典語を転用　　　革命・文化・文明・関係・生産・存在・印象
　　　新造の和製漢語　　　　　哲学・電話・喜劇・郵便・美学・目的・理想

　このように新しく導入された漢語は，
　　此頃鴨東ノ芸妓、少女ニ至ルマデ，専ラ漢語ヲツカフコトヲ好ミ〜（『都鄙新聞』第1号（1868））

と記述されているように，当時の人々に広く受け入れられていった．

　しかし，漢語の使用は，大正期以降全般的に低下の傾向を示しており，現代では外来語が新しい概念を表す語種として，漢語に代わって用いられる傾向がみられる．（3.11.3項「語種の面からみた現代語の形成」参照）

3.7.4　和製漢語の歴史

【和製漢語とその由来】

　漢語は本来〈中国語から借用された語〉をさすが，なかには中国語出自のものではなく，日本で造語されたものもある．これを和製漢語と呼んでいる（1.4.3項「漢語」参照）．たとえば，平安時代の辞書『和名類聚抄』（935年ごろ成立）には，次のような記述がみえる．

　　　蕾　音福。於保禰。俗/用＿大根二字＿　根正白而可ﾚ食ﾚ之（『倭名類聚抄』）

中国には「蕾」というものがあり，和語のオホネであること，普通「大根」で書き表すこと，根が白くて食べられることなどが記されている．また，時代が下って，『日葡辞書』（1603〜1604年成立）には，オホネの語は見当たらないが，

「Daicon（ダイコン）」のほかに「DaiconVoroxi（ダイコンヲロシ）」が見出し語として立てられている．すなわち，室町時代末ごろには，「だいこん」の語が一般的に用いられていたことがわかる．これは，和語を漢字で表記したものを漢字の音で読んだ結果，生み出された和製漢語である．同様の例として，次のようなものがあげられる．

かへりごと → 返事　　かたとき → 片時　　ひのこと → 火事　　ではる → 出張　　はらだたし → 立腹　　ものさわがし → 物忩・物騒　　をこ → 尾籠　　うしろみる → 後見　　おしはかる → 推量　　ひきゐる → 引率

上記のほかに，『色葉字類抄』（1192年までに成立）にリフシンの字音が記されている「理不尽」のように，漢文体の文章などで表記が固定的（理不レ尽）に用いられたために，やがて一語として意識されるようになり，和製漢語として用いられるようになったものもある．

【和製漢語の量産】

和製漢語の造語は，上記のように比較的早くから行われていたが，江戸時代後期になると西洋の進んだ知見を摂取する必要性が生じて，蘭学・洋学が盛んになり，大量の翻訳語を必要とした．その際に，新しい概念や洋語に対応するための和製漢語が量産された．たとえば，前野良沢・杉田玄白らにより西洋医学書としてはじめて翻訳された『解体新書』（1776年刊）にみえる「鼓膜・神経・盲腸・十二指腸・横隔膜」などがその一例である．この時期に創出された翻訳語は，現代まで用いられ続けているものも数多い．

胃液	温度	関係	改良	科学	拡散	喜劇	共鳴	筋肉
軍事	警察	限界	現実	思潮	実績	常識	図案	政策
体操	哲学	投影	導火線	農作物	悲劇	否決	敏感	
冒険	密接	末端	郵便	良識	労作			

このような和製漢語は，現代でもたとえば「就職」「公害」などのように時宜に応じて造語が行われている．

＊演習 3.7

基本課題

(I) 次のことばを漢語で表すとどういうか考えてみよう．

　　(a) この世　　(b) ひと　　(c) くらし　　(d) しあわせ

(e) 心残り　　(f) 早死に　　(g) なきがら　　(h) 生まれる
(II) 次の漢語の成立について，辞典を用いて調べてみよう．
(a) 免許　　(b) 我慢　　(c) 辛抱　　(d) 得意

発展課題

和製漢語の例を一つあげて，その用例がどのような資料で用いられているか調べてみよう．

3.8 外来語の歴史

3.8.1 古代からみられる外来語

　日本は地理的に孤立した島国であるため，日本語は外部からの影響をあまり受けていないと考えられがちである．しかし，語彙の面では歴史的に外国語の語彙を，むしろ積極的に借用してきた．「うま（馬）」「きぬ（絹）」「ゑ（絵）」など中国語出自の語のほか，「さけ（鮭）」「えみし（蝦夷）」などアイヌ語出自の語，「はち（鉢）」「かはら（瓦）」など梵語出自の語，「てら（寺）」「むら（村）」など朝鮮語出自の語が古代から用いられているが，これらは古くから日本語に定着しているため，ふつう和語とされる．また，海外からの借用では漢語の影響が圧倒的に強く，それゆえ漢語は別に扱われている．これらを除く外国語からの借用語を外来語とよぶ．

3.8.2 西洋文化の流入と外来語

　15世紀になると，西洋の国々が交易やキリスト教の布教のために，大型船を建造して盛んに海外に進出するようになった．そのため，16世紀中葉には日本にも西洋の宣教師が訪れるようになり，ポルトガル語など一部のヨーロッパのことばが日本語に外来語として受け入れられるようになった．

　ポルトガル語出自の語には，キリシタン・クルスのようなキリスト教の布教にかかわるもののほかに，新たにもたらされた事物を表す語がみられる．

　　　カボチャ　　カラメル　　カステイラ　　コンペイトウ　　タバコ　　トタン
　　　パン　　カッパ　　サラサ　　ザボン　　ジュバン　　バッテラ　　ビードロ
　　　ラシャ

このほかスペイン語を出自とする語も受け入れられたが，ポルトガル語よりも少し遅く入ってきたため，現代まで伝えられている語は非常に少なく，メリヤスとシャボン（石鹸）がみられる程度である[注5]．

3.8.3 江戸時代の外来語

江戸時代に入ると，キリスト教の禁止政策が江戸幕府によって強化され，キリスト教関係の語彙は一掃された．しかし，日常生活に受け入れられた「タバコ・パン・カッパ」など衣食住に関する語彙は，その後も用いられ続けた．

江戸時代後期には，享保の改革（1720年）によって洋書の輸入禁止が緩和されたため，当時唯一の西洋文化との接点であったオランダ語の文献を翻訳したり学習したりする者が現れ，蘭学が興隆した．これによって，医学・薬学・工学・物理学など自然科学分野の語が外来語として用いられるようになった．

アルコール　エキス　アルカリ　ランドセル　ゴム　コーヒー
メス　ガラス　エレキ　ポンプ　ガス　ブリキ

幕末になると，オランダ以外のイギリス・アメリカ・フランス・ドイツなどの学問を学ぶ者も現れるようになったが，それらの語が外来語として活発に借用されるようになるのは，開国後，各国との交流が盛んになってからである[注6]．

3.8.4 明治以降の外来語

幕末の開国以降は，欧米の文物や概念が人びとの日常生活に急速に取り入れられるようになり，それに伴って外来語も広く浸透していった（図3.6）．しかし，借用された外来語は，受容した文物・概念の分野によって一種の偏りがみられる．

たとえば，医学・哲学・登山に関する語はドイツ語出自の語が多く，芸術・ファッション・調理関係はフランス語，音楽関係はイタリア語を出自とするものが多い．また，ロシア語出自の外来語にはカンパ（kampa）・コンビナート（kombinat）・ノルマ（norma）などがある．

第二次世界大戦のさなかでは，敵性語として英語の使用が避けられる傾向にあったが，戦後アメリカの占領下に置かれると，英語出自の外来語が急増し，現在

(注5) シャボンはポルトガル語出自とする説もみられる．
(注6) 近世に取り入れられた外来語のうち漢語・洋語以外では，キセル〈煙管 khsier：カンボジア〉やシャモ〈軍鶏 siam：タイ〉のように東南アジアの言語からの借用語もわずかながら見出される．

3.8 外来語の歴史

	和語	漢語	外来語	混種語	計
1878 まで	575 (98.5)	315 (82.2)	1 (5.9)	11 (68.8)	902
1891 まで	580 (99.3)	339 (88.5)	2 (11.8)	12 (75.0)	933
1896 まで	582 (99.7)	347 (90.6)	2 (11.8)	13 (81.3)	944
1909 まで	582 (99.7)	376 (98.2)	3 (17.6)	13 (81.3)	974
1919 まで	582 (99.7)	379 (99.0)	6 (35.3)	13 (81.3)	980
1931 まで	582 (99.7)	382 (99.7)	13 (76.5)	14 (87.5)	991
1954 まで	584 (100.0)	383 (100.0)	17 (100.0)	16 (100.0)	1000

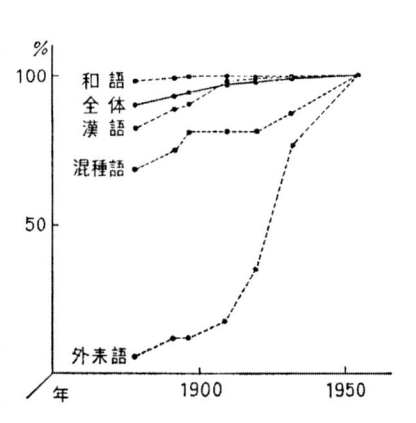

図 3.6 外来語の増加（現代雑誌によく使われる 1000 語）
（ ）内は 1954 年までを 100％としたときの割合を示す．

では外来語のほとんどが英語出自の語で占められるようになっている．

3.8.5 和製外来語の歴史

外来語は近代以降に急増したが，それに伴って和製の外来語も盛んに造語されるようになった．とりわけ第二次世界大戦後，欧米の文化を積極的に摂取するようになってから，その動きは活発になったが，その多くは政治・経済・文化の面で影響を大きく受けたアメリカの英語を出自とする語を用いたものである．

英語出自のもの：イメージ・アップ　ウーマン・リブ　オフィスレディー　サラリーマン　ガードマン　ガッツ・ポーズ　カンニング　コイン・ランドリー　ゴール・イン　ゴールデン・アワー　コスト・パフォーマンス　シルバーシート　シンボル・マーク　タレント　チャック　ドンマイ　バイキング　フライパン　フリーター　ベース・アップ　ペーパードライバー　マイペース　ミシン　ライブ・ハウス　レベル・アップ　ワープロ　ワンマン・カー

フランス語出自のもの：アベック　カフェ・テラス

イタリア語出自のもの：ナポリタンピッツア

フランス語＋英語出自のもの：シュークリーム

ドイツ語＋英語出自のもの：テーマソング
　　　英語＋ポルトガル語出自のもの：クリームパン
　アベックは，フランス語の前置詞 avec-（〜と一緒に）に由来する和製フランス語である．また，シュークリーム，テーマソングのように二つ以上の言語を出自とする混種語の和製外来語も広く用いられている．

【和製英語の造語に対する意識】
　現在，和製英語は量産され，日常的に用いられているが，2003 年に国立国語研究所によって実施された「外来語に関する意識調査」（2004 年 6 月）には，「マイホーム」「パソコン」「コンビニ」など，和製外来語の造語について，どのように考えているかを尋ねる調査がみられる．それによると 6 割以上の人びとが「（大いに・ある程度は）つくってもいい」と容認する姿勢を示し，「できるだけつくらないほうがいい」という否定的な回答は 2 割以下であるという結果が示されており，現代の人びとが和製外来語の造語に対して寛容な態度で接しているようすをうかがうことができる．（図 3.7）

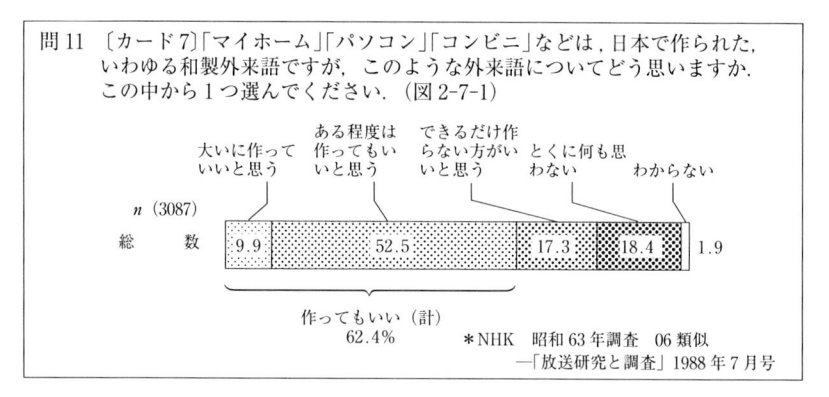

問 11 〔カード 7〕「マイホーム」「パソコン」「コンビニ」などは，日本で作られた，いわゆる和製外来語ですが，このような外来語についてどう思いますか．この中から 1 つ選んでください．（図 2-7-1）

大いに作っていいと思う	ある程度は作ってもいいと思う	できるだけ作らない方がいいと思う	とくに何も思わない	わからない
9.9	52.5	17.3	18.4	1.9

n (3087)　総数

作ってもいい（計）62.4%　　＊NHK　昭和 63 年調査　06 類似
　　　　　　　　　　　　　　―「放送研究と調査」1988 年 7 月号

図 3.7　和製外来語に対する意識（国立国語研究所「外来語に関する意識調査」より）

＊演習 3.8
基本課題
　次の外来語はどの外国語から借用された語か調べてみよう．
　　(a) シロップ　　(b) グルメ　　(c) カリスマ　　(d) イクラ
　　(e) ニヒル　　(f) カジノ　　(g) オルガン　　(h) コラーゲン

発展課題
「シャボン」は出自について,辞書にはどのように記述されているか確認してみよう.

3.9 混種語の歴史

3.9.1 混種語の成立
【混種語成立の契機】
　混種語は,異なる語種(和語・漢語・外来語)の組み合わせで形成された語である.そのため,漢語・外来語など出自の異なる語の流入と定着・普及が新しい混種語を生み出す契機になりやすい.したがって,混種語の成立は異種の語の受容の時期と社会状況に影響されることがある.
　混種語がほかの語種に対して占める割合は,『古典対照語い表』(表3.2)の数値をみると,奈良時代の『万葉集』で0.1%,平安時代から鎌倉時代までの作品でも5%未満であり,非常に数が少ない.しかし,混種語の定着状況が異種の語の受容の様相を知る手がかりにもなるため,見過ごすことはできない.
【奈良時代以前の混種語】
　和語と漢語による混種語は,奈良時代からすでに見出される.たとえば,『万葉集』には,次のような混種語が用いられている.
　　力士舞(力士〈漢語〉+舞い〈和語〉)
　　男餓鬼(男〈和語〉+餓鬼〈漢語〉)
　　女餓鬼(女〈和語〉+餓鬼〈漢語〉)
このように,混種語の例は,奈良時代においてもわずかながら見出されるのであるが,基本語として用いられていた和語や日本語に取り入れられつつあった漢語に比べると,まだその数はきわめて少なかった.

3.9.2 漢語の定着と混種語の増加
　平安時代になると,日常語にも漢語が定着しはじめ,それに伴って,和語と漢語とが熟合した混種語もしだいにさまざまな生活の場面で用いられ,増加していった.たとえば,「瑠璃色」(『竹取物語』)や「有様」「京人」(『源氏物語』)のような名詞のほか,「念ず」のような漢語サ変動詞,「論なし」のような漢語語幹の

形容詞などが物語や日記・随筆などの和文資料に多くみられるようになった．
　［漢語サ変動詞］：具す　制す　奏す　調ず　弄ず　怨ず　懸想す
　対面す
　［サ変以外の動詞］：興あり　懸想立つ　上衆めく　気色ばむ
　［漢語語幹の形容詞］：乱がはし　らう（労）たし
　［漢語を語幹に含む形容動詞］：らう（労）たげなり　優なり　艶なり
　当時の識字階層である貴族の社会で，漢語が日常語としてある程度定着していた様相をうかがうことができる．
　また，数は多くはないが，「騒動く」「懸想ぶ」・「執念し」「りやうりやうじ」のように漢語に用言の活用語尾〈―く〉〈―ぶ〉・〈―し（じ）〉を合成した動詞・形容詞や，「装束く」のように漢語の語末の音を和語の動詞の活用語尾としてとらえたもの（3.2.7項「異分析」参照）もあり，これらも一種の混種語として扱われる．

3.9.3　外来語の流入と混種語

　16世紀後半にはポルトガル語などの洋語が流入し，おもに近世以降になって外来語が普及すると，和語や漢語との混種語が生み出されるようになった．
- 洋語＋和語
　煙草入れ〈洋語（ポルトガル語出自）＋和語〉
　更紗染め〈洋語（ポルトガル語出自）＋和語〉
　びいどろ鏡（洋語〈ポルトガル語出自〉＋和語）
　阿蘭陀船（洋語〈オランダ語出自〉＋和語）
- 洋語＋漢語
　ぎやまん細工（洋語〈オランダ語出自〉＋漢語）
　煙草盆〈洋語（ポルトガル語出自）＋漢語〉
- 和語＋洋語
　肌襦袢（和語＋洋語〈ポルトガル語〉）
　雨合羽（和語＋洋語〈ポルトガル語〉）

このように，外来語を含む語の形成は，おもに商品の種別・名称の分野で多くみられる．もちろん，前代と同様に和語と漢語による混種語の造語は，たとえば「関所・宿場・暖簾口」のように引き続き活発に行われた．

3.9.4 現代の混種語

混種語は，近代以降，外来語とともに増加する傾向にあるが，和語・漢語・外来語などに比べると語数も限られている．

図 3.8 は 1956（昭和 31）年に発行された 90 種の現代雑誌について使用度数別に語種の比率が示されたものである（国立国語研究所，1964）．これによると，混種語は延べ語数・異なり語数ともにほかの語種に比べて最も使用率が小さく，また，使用度数の低い語に多いことがわかる．したがって，使用される語数も少なく，特殊な領域の語が多いといえる．

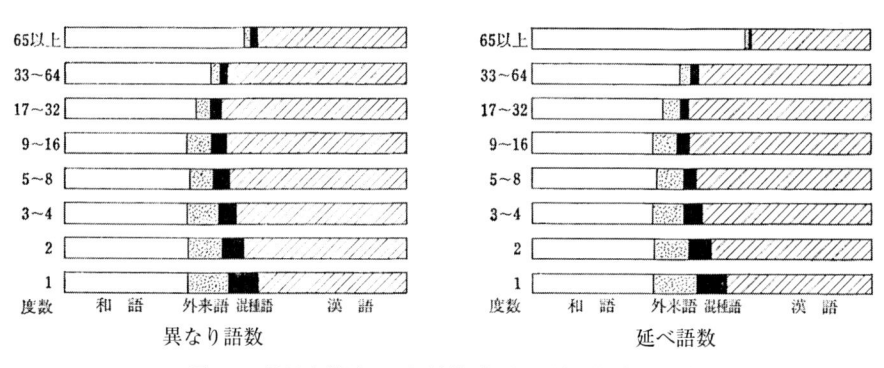

図 3.8 使用度数別にみた語種（国立国語研究所，1964）

＊演習 3.9

基本課題

身の回りにある混種語について，それぞれどのような出自の語が含まれているか調べてみよう．

発展課題

混種語は，上記以外に語種別にどのような語が用いられているか，そしてそれぞれどの範囲で用いられる語であるか，分野別に分類してみよう．

3.10 位相語の歴史

3.10.1 古代の位相語

同じ意味内容を伝達する場合に，その話し手や場面によって異なる表現が用いられることがあるが，そのことばを**位相語**という（4.1.1項「位相語」参照）．

奈良時代以前の位相語は，資料の制約もあるため，十分には解明されていない．しかし，平安時代になるとさまざまな階層の人びとが登場する物語が成立し，種々の位相語をみることができる．

> 「おほし垣下(かいもと)あるじ，はなはだ非常にはべりたうぶ．かくばかりの著(しるし)とあるなにがしを知らずしてや，朝廷(おほやけ)には仕うまつりたうぶ．はなはだをこなり」など言ふに，人々みなほころびて笑ひぬれば，また，「嗚高し．嗚やまむ．はなはだ非常なり．座を退(ひ)きて立ちたうびなん」など，おどし言ふもいとをかし． （『源氏物語』少女）

上の文には，通常の話しことばではあまり用いられない「はなはだ」「非常」のような漢文訓読体で使用する語や，「たうぶ」のような古風で堅苦しい語感のある男性語などが含まれており，漢籍に親しむ堅物の学者らしいことばづかいを表している[注7]．このように，識字層の男性（貴族や僧侶・学者）が漢語や漢文訓読語を用いたことに対して，女性は漢語の使用を好まず，和語を中心に用いる傾向が，このころからあったことは注目される．

3.10.2 階層・集団による格差の拡大と位相語
【女房ことばと武者ことば】

鎌倉・室町時代は，社会・文化のおもな担い手が皇族・貴族から武士あるいは一部の庶民へと拡大した時期である．そのため，それぞれの階層・集団の内部で特有の位相語が用いられた．たとえば，内裏や上皇の御所である仙洞に奉仕する女房たちが用いた「女房ことば」（女房詞）や，新興階層の武士たちがおもに戦いの際の表現に用いた「武者ことば」（武者詞）があった（第4章参照）．

(注7) ただし，このような架空の物語にみられる位相語は，人物をそれらしく造形するために用いられたものであり，日本語史上に現れる実際のことばを必ずしも反映するものではないとする見方もあり，近年「役割語」という概念で説明される場合もある．

3.10 位相語の歴史

【奴ことば・廓ことば】

　江戸時代は幕藩体制のもと，人びとの属する階層の差がいっそう鮮明になった時代でもある．そのために，それぞれの階層や集団のなかで使われる位相語が多く現れた．たとえば，初期には，武家に召し抱えられた中間・小者や，一部の旗本・町人が異様な風体を身にまとい，独特のことばを用いることがあった．「うれしい」から転じた「うるしい」や「おもくろい・でっかい・やたらに・ほざく」などで，**奴ことば**（奴詞，六方ことば）とよばれた．奴ことばには，当時の東国語や俗語を出自とする語が多く含まれているが，歌舞伎に取り入れられて流行し，上記の「でっかい」のように現代口語として用いられている語も見受けられる．

　また，この時期に形成された遊郭では，遊女たちが「ぬし・わっち」など独特のことばを用いていたことが知られている．そのような遊女が用いた特殊なことばを**廓ことば**（廓詞，さとことば）とよぶ．廓ことばは，京都の遊女が用いたものが江戸に伝えられ，それぞれの遊郭によって異なりがあったものと考えられている．諸国から集められた遊女たちの方言を目立たぬようにする役割があったようであるが，同時に特殊なことばを用いることによって浮世から離れた非日常的な空間を演出する効果もあったものと考えられる．

　また，前代に位相語として用いられた女房ことばの一部は，武家階層から町人階層に広がりをみせ，「おあし・おなか・ひもじい」など現代語にまで伝えられたものもみられる．

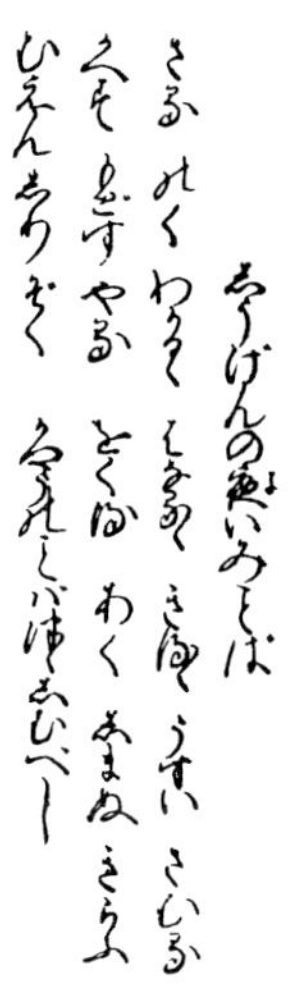

3.10.3　忌詞の歴史

【斎宮忌詞】

　現代でも宴会などの場面では，「終わる・終了する」などの言葉を避けて，「お開きにする」という忌詞（4.1節参照）を用いることがあるが，このような忌詞の歴史は古く，平安時代初期に書かれた『皇太神宮儀式帳』に「斎宮忌詞」として以下のような語についての記述がみえる．

● 内の七言：中子 ← 仏　　染紙 ← 経　　阿良良
　　　　　　岐 ← 塔　　瓦葺 ← 寺　　髪長 ← 僧　　女髪 ← 女髪

図 3.9　『女重宝記』「祝言の夜いみことば」（『近世文学資料類 従参考文献編 18』勉誠社，1981 年）

　　　　長(なが) ← 尼　　片膳(かたしき) ← 斎
●外の七言：阿世(汗)(あせ) ← 血　　奈保留(なほる) ← 死ぬ　　塩垂(しほた)る ← なく
　　　撫(なづ) ← 打つ　　菌(くさびら) ← 穴　　壌(つちくれ) ← 墓　　夜須美(やすみ) ← 病

　これらの語のうち，「内の七言」は仏家関係の語であり，「外の七言」は儒家諸家関係の語と考えられる．伊勢の斎宮が異なる宗教である仏教語や不浄の語を忌み言い換えた語である．このような忌詞は，場面によって異なる語が用いられる位相語の一種であり，歴史的にもさまざまな場面でしばしば観察されている．

　また，江戸時代の女性の作法や心得を記した『女重宝記』には「祝言(しうげん)の夜いみことば」として以下のようなことばをあげて記述し，「かやうのことばつゝしむべし」と記している．

　　さる　　のく　　わかるる　　はなるる　　きるる　　うすい　　さむる
　　かへす　もどす　やる　　おくる　　あく　　しまぬ　　きらふ　　むゑん
　　しりぞく

3.10.4 さまざまな位相語の歴史
【その他の位相語と歴史】

　このほかにも歴史的に位相語がさまざまみられるのであるが，とくに山や海などで自然の脅威に向き合わなければならない職業に携わる人びとは古くから独特の位相語を使用する傾向があった．そのようなものとして，山ことば・沖ことばなどがある．

【山ことば】

　狩猟や林業など，深い山で仕事をする人びとのなかには，山に入ると「山ことば」という独特のことばを用いたことが知られている．山の神に対する畏怖の心情から用いられたものが多いようであるが，たとえば江戸時代の越後魚沼の雪国の生活を記録した『北越雪譜』(1837年刊)には，次のようなことばが記録されている．

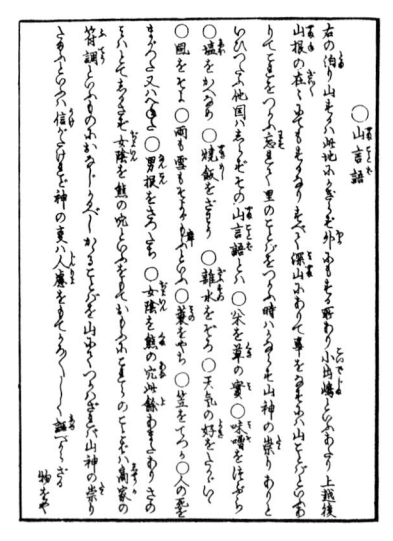

図3.10　『北越雪譜』の山言葉（復刻版，名著刊行会，1978）

草の実（米）　つぶら（味噌）　かへなめ（塩）　ざわり（焼飯）　ぞろ（雑炊）　たかがいい（天気がよい）　そよ（風）　そよがもふ（雨・雪が降る）　やち（糞）　てつか（かさ）　まがつた，またはへねた（人の死ぬこと）　さつたち（男性器）　熊の穴（女性器）

【沖ことば】

　船乗りや漁師など，海で働く人びとの間では，「沖ことば」という一種の忌詞が用いられた．たとえば，エビ（ミ）ス（鯨）がよく知られているが，必ずしも海に関する語ではなく，蛇のことをナガイモノ，熊のことをヤマオヤジ（ヤマノヒト）というなど，中には山ことばと共通する語もみられる．

　コマモノ（鰯）　ナツモノ（鱒）　ナガイモノ（蛇）　ハヤモノ（猿）
　ハモノ（鰤）　エミス（鯨）　ヤマノヒト・ヤマオヤジ（熊）
　ツノアルモノ（鹿）　イナリ（狐）

　菅江真澄の蝦夷地遊覧記である『蝦夷喧辞辯（えみしのさえき）』には，松前漁場で使われた沖ことばを記している．

＊演習 3.10

基本課題
　身の回りにある位相語を3つあげて，それぞれについて，異なる語形を使用する理由について考えてみよう．

発展課題
　あることばの使用を避けたり，別の語に言い換えたりするのはなぜか．古代からの人びとの言語観に照らして，その理由をまとめてみよう．

3.11　現代語彙の形成

3.11.1　近代語彙から現代語彙へ

【社会の変化と語彙の変化】

　日本は明治期から急速に近代国家としての道を歩みはじめ，社会や文化，人びとの生活様式が江戸時代以前から大きく変化した．語彙はそのような変化を反映する特徴があるため，その影響を大きく受けて現在に至っている．たとえば，身

分制度の廃止や海外の文物・概念の流入などによって，身の回りの具体的な生活物資だけではなく，抽象的な思考や物事のとらえ方なども変化したため，それらを表す新たな語が必要とされるようになっていった．

【語彙の変化からみた近現代語彙】

宮島（1967）では，現代雑誌から抽出された使用度数の高い1000語を対象に，古典作品〈『万葉集』『源氏物語』〉や辞書〈『日葡辞書』（1604〜8年），『和英語林集成』（J. C. ヘボン，1867），『新訳和英辞典』（井上十吉，1909），『新英和大辞典』（研究社，1954年版）〉で，それぞれ用いられた語数について調査している．それによると，『万葉集』（万葉）326語，『源氏物語』（源氏）446語，『日葡辞書』（日ポ）654語，『和英語林集成』（ヘボン初）761語であり，時代とともに現代語1000語と一致する語が徐々に増えている．しかし，明治に入ると，『新訳和英辞典』（井上）では951語，もっとも新しい『新英和大辞典』（研大）では992語が一致しており，とりわけ幕末の『和英語林集成』（1867）から井上（1909）の間に急激な増加をみることができる（図3.11）．

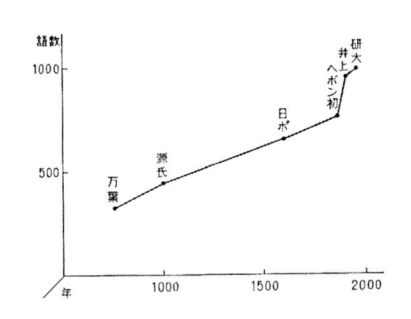

図3.11 『現代雑誌90種』から抽出された使用度数の高い1000語を対象にした語数調査（宮島，1967）

3.11.2 品詞・意味分野からみた近代語彙

明治以降急激に増加した語をみると，「安定・以外・意識・委員・一層・印象」など，その多くが漢語である．おもに欧米の新しい文物や概念を導入するため，つぎつぎと翻訳漢語が使用されたことがその大きな要因である．

宮島（1967）では，さらに上記の1000語について品詞・意味別に分類している（表3.5）．これによると，品詞の面では，動詞が『和英語林集成』初版まで，すなわち江戸時代以前にほぼ出そろっているのに対して，名詞は明治期から急激に増えていることがわかる．また，意味の分野では，たとえば「作家・卒業・発展」など人間活動（の主体）や「影響・自動・増加」など抽象的関係に分類される語の増加が認められる．日本社会が封建的な体制から近代国家へと移行するためには，新しい概念の導入が必要とされたが，言語の面で，それが抽象的関係や人間

3.11 現代語彙の形成

表3.5 宮島 (1967) における品詞別語数

	万葉	源氏	日ポ	ヘボン (初)	井上	現代雑誌からの抽出語
1) 名詞	**127**	**174**	**302**	**370**	**539**	**581**
11) 抽象的関係	61	79	130	145	194	203
12) 人間活動の主体	15	31	51	68	88	101
13) 人間活動	13	21	57	86	177	188
14) 生産物・用具物品	10	13	20	21	27	35
15) 自然物・自然現象	28	30	44	50	53	54
2) 動詞	**136**	**176**	**208**	**219**	**218**	**224**
21) 抽象的関係	77	100	114	117	117	120
23) 精神・行為	55	71	89	97	96	99
25) 自然現象	4	5	5	5	5	5
3) 形容詞・副詞*	**59**	**87**	**120**	**142**	**163**	**163**
31) 抽象的関係	45	68	93	112	132	132
33) 精神・行為	9	11	17	18	19	19
35) 自然現象	5	8	10	12	12	12
4) その他	**4**	**9**	**24**	**30**	**31**	**32**
41) 接続詞類	1	3	11	13	14	15
43) 陳述副詞・感動詞類	3	6	13	17	17	17
計	326	446	654	761	951	1000

＊「形容詞・副詞」は，形容動詞・連体詞などを含む数値となっている

活動を表す名詞語彙の急激な増加として表れているようすがうかがわれる．

3.11.3 語種の面からみた現代語の形成

上記のように，語種の面からみると，明治期に漢語はほかの語種を圧倒して異なり語数で過半数に達していることが知られているが，大正期以降，その占有率はピークを越えて次第に低下していった（沖森，2011）．

雑誌コーパスを利用した報告（田中，2010）によると，漢語は和語に比べて変動が大きく，周辺語彙に追いやられるものが多いが，基本語彙に入り込むものも少なくないという．

1956年に刊行された現代雑誌90種を対象にした調査では，異なり語数で漢語が5割弱（47.5％）で，和語（36.7％）をしのいでいるものの，明治・大正期よ

```
1874年  23.1 | 73.8
1887年  21.9 | 73.7
1895年  22.9 | 72.5
1901年  22.8 | 72.4
1909年  26.3 | 68.4
1917年  28.3 | 66.7
1925年  30.5 | 63.3
```
■和語 □漢語 ▨外来語 □混種語

図 3.12 近代雑誌コーパスにおける語種比率（異なり語数）

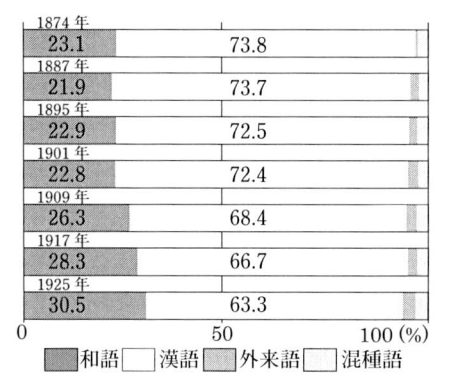

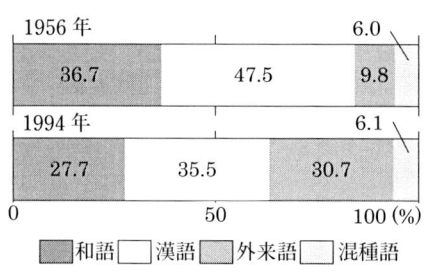

```
1956年  36.7 | 47.5 | 9.8  6.0
1994年  27.7 | 35.5 | 30.7  6.1
```
■和語 □漢語 ▨外来語 □混種語

図 3.13 現代雑誌における語種比率（異なり語数）（沖森ほか，2011）より

りも漢語の使用率は低下し，いくぶん和語の使用率が増加している．さらに，1994 年に発行された雑誌 70 種についての語彙調査では，漢語だけでなく和語の使用率も低下している（和語 27.7％・漢語 35.5％）．その一方で，現代において顕著な傾向は，外来語が急激に増加していることである．近代漢語は，翻訳漢語など，海外の新しい概念を導入するために用いられたものも多かったが，現代では漢語に代っておもに外来語がその役割を果たしているといえる．近代語から現代語へと語彙が形成されるにあたって，語種の面では漢語がその役割の一部を外来語に譲り，外来語が多く用いられるようになったのである．一方，和語は，異なり語数で使用率が低下しているものの，名詞に偏る漢語・外来語とは違って，幅広い品詞にわたることから，その地位は基本的にしばらくゆるがないものと思われる．

【和語・漢語・外来語の使い分け】

現代語では新しい概念を導入する方法として外来語を用いることが急増した．その結果，同じ物事を表す語に，和語・漢語・外来語が共存する場合も増えている．たとえば，「しあわせ・幸福・ハッピー」はほぼ同じ意味を表すが，厳密にはまったくの同義ではなく，微妙に異なる語感で使い分けられている．図 3.14 は，ほぼ同じ意味で使われている「手助け（和語）・支援（漢語）・サポート（外来語）」の話し相手による使い分けについての調査結果である．そこにみえる回答では，「友だちどうしで話すとき」には，和語・漢語・外来語のいずれの場合もほぼ

3.11 現代語彙の形成

```
話す相手によって，使う言葉も変わってくると思います．ここでは，友だちどうしで話すとき，
大勢の人の前で話すとき，初対面のお年寄りと話すときの3つの場面で，あなたが使う言葉を
お尋ねします．
問2 〔カード〕まず，友だちどうしで話すとき，次のどの言葉を使いますか．（○は1つ）
問3 〔カード〕では，大勢の人の前で話すときは，どの言葉を使いますか．（○は1つ）
問4 〔カード〕では，初めて会うお年寄りと話すときは，どの言葉を使いますか．（○は1つ）
```

新しく農業を始めるには，地域の（サポート／支援／手助け）が必要です．

	サポート	支援	手助け	分からない
友だちどうしで話すとき	33.4	25.6	39.0	2.0
大勢の人の前で話すとき	27.3	47.1	22.9	2.7
初めて会うお年寄りと話すとき	13.0	3.3	81.6	2.1

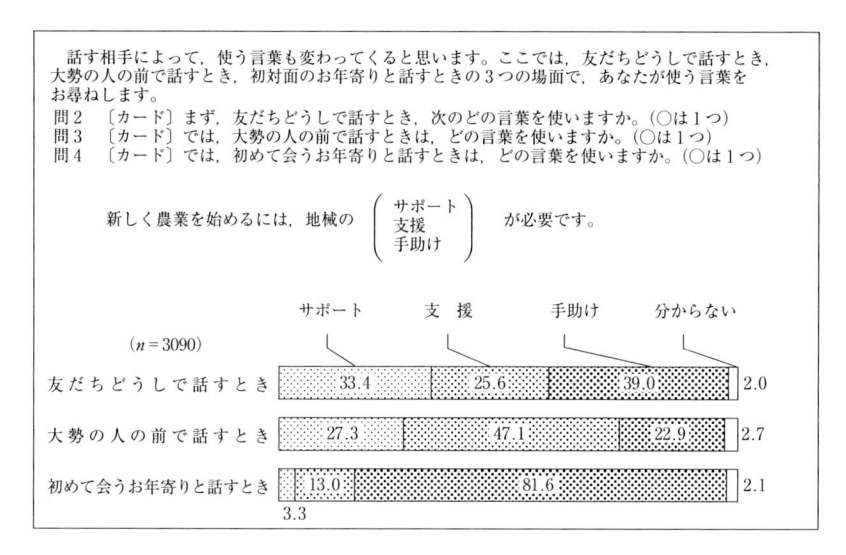

($n=3090$)

図 3.14 話し相手による外来語・漢語・和語の使い分け〔3場面比較〕
（国立国語研究所調査『日本語の現在』による．）

均等に使用されているが，「大勢の人の前で話すとき」には「支援」（漢語）が用いられることが多く（47.1％）なり，「初めて会うお年寄りと話すとき」では「手助け」（和語）がきわめて多く，80％を超えるという傾向がみられる．和語は，わかりやすく，優しい語感をもつ語種であるので高齢者に対して用いられるが，大勢の人前で話す場合には改まった印象を与える漢語が選ばれているものと考えられる．

＊演習 3.11

基本課題
和語・漢語・外来語でほぼ同じ意味になる語をあげてみよう．

発展課題
基本問題であげた語について，どのような相手に対して使用するか考えてみよう．

第4章 ことばと社会

4.1 さまざまなことば

4.1.1 ことばの使い分け

　同じことを言い表すにも，さまざまな条件によって異なることばが用いられることがある．たとえば，「母・お母さん・ママ」などはいずれも〈親のうち，女性のほう〉という意味では共通している．しかし，それぞれニュアンスが異なり，また使われ方にも違いがみられる．「母」は公的な場面で，「お母さん・ママ」は私的な場面で，敬って言う場合には「お母様」「ご母堂」などが用いられるように，同一の対象であっても違うことばで言い表される．
　また，「いま，行く」ということを伝えるために，「いま，行くよ」「いま，行きます」「いま，行くぜ」「いま，行くわ」のように，同じ内容を伝える場合にも，表現が異なることもある．
　このようなことばの使い分けには，次のようなさまざまな要素が関与している．
(1) 社会的属性：話し手の地域・性・年齢・職業・身分・階層などの違いによる場合．〈寒い〉を「しばれる」，〈紅茶〉を「お紅茶」，〈食べ物〉を「マンマ」，〈手術〉を「オペ」などの類．
(2) 話しことば・書きことば：会話の場合，手紙の場合など，ことばを話す場合と書く場合．「だって」と「だから」などの類．
(3) 場面・話題：公私や敬譲など，話し手（書き手）・聞き手（相手）との関係で，その場面および話題にかかわる場合．「あなた」「君」「おまえ」などの類．
(4) 媒体：テレビ・ラジオ・新聞・雑誌などの用語のほか，PCメール・携帯メール・SNSなどさまざまな通信手段の違いによる場合．「死ぬ」と「死亡・死去・逝去」などの類．

どのようなことばを用いるかによって，相手の受けとめる印象もおのずから変化する．同義もしくは類義のことばにも，さまざまなバリエーションが存在する．

4.1.2 位相語

上記(1)〜(4)のような，地域・性・年齢・職業などの社会的属性，話しことばか書きことばか，相手・場面[注1]・話題とのかかわりなどによることばの違いを位相という．そして，その特徴的なことばを**位相語**と呼ぶ．

表 4.1 位相語の分類

地域の違い	方言	4.2 節参照
性の違い	男性語　女性語	4.3 節参照
年齢の違い	幼児語　若者語　老人語	
集団の違い（集団語）	職業語　隠語　専門語	4.4，4.5，4.6 節参照

ただし，年齢で分類した若者語が，意図的にことばを生み出していることを重視すれば，集団語の側面をもったり，また新語・流行語とのかかわりがあったりというように，立体的複合的にとらえておく必要がある．合わせて，使用者の意識のみならず，受け手のとらえ方も重要である．

なお，社会的な身分の違いによることばの使い分けについては，古く女房ことば（詞）・奴ことば（詞）・武者ことば（詞）などがあった．

4.1.3 役 割 語

フィクションで，特定のキャラクターが使用することばづかいや，キャラクターを限定させるようなことばづかいを**役割語**という．

実際の刑事が使用していれば，それは職業語（時には隠語）であり，役割語ではない．刑事ではない人物が刑事を演じたり，話題のなかなどでそのことを示したり思い起こさせたりする際に用いる特徴的なことばが役割語である．たとえば，「アンパンマン」で，「あかちゃんまん」は「バーブ」「〜でちゅ」，また，剣の修業をしている武士の「かつぶしまん」は「拙者」「かたじけない」「〜でござる」

(注1)　縁起をかついで，正月の三が日だけ用いるという「正月ことば」もある．例：稲積む（寝る），大服（おおぶく）（茶）．

を用いるというように，そのキャラクターは外見だけではなく，ことばの面からも特徴づけられている．

＊演習4.1

基本課題

「○○君」「○○さん」「○○様」にはどのような使い分けがあるのか考えてみよう．そのほかにどのような敬称があるだろうか．

発展課題

位相語の視点に立って，日常用いていることば，たとえば人称代名詞や終助詞などについて整理してみよう．

4.2 方　　　言

4.2.1 方言とその分類

【方言とその分布】

ことばには地域特有の表現がある．たとえば，共通語の「ありがとう」に対して，関西ではよく「おおきに」という．このような地域のことばを**方言**という．日本語の方言はさまざまな観点からいくつかに分類されるが，ふつう，本土方言（東部方言・西部方言・九州方言）と琉球方言に大きく分類される．

【気づかない方言】

方言でありながら，その地域では共通語としてとらえられている語もある．方言の意識がなく別の地域で用いたときに，そのことばが伝わらないことではじめて方言であることを認識することはよくある．

- 仙台：ジャス（ジャージ：体操服）
- 山梨：かじる（掻く）
- 関西：フレッシュ（ポーション型コーヒーミルク）
- 西日本：ドベ（ビリ）
- 鹿児島：ラーフル（黒板消し）

4.2.2 方言の語彙とその特徴
【方言語彙の分布】
　方言からみた語彙については，その分布の様相から次のような分類がある.
　① 全国一律型：雨・耳・鼻など
　② 東西対立型：一昨日（オトトイ／オトツイ）・茄子（ナス／ナスビ）・居る（イル／オル）
　③ 太平洋側日本海側対立型：霜焼け（シモヤケ／ユキヤケ）
　④ 周圏型（同心円型）：顔（ツラ／カオ）・とんぼ（アキズ／トンボ）
　⑤ 交互型：ふすま（カラカミ／フスマ）・舌（シタ／ベロ）
　⑥ 複雑型：つらら
　　　　　　　　　　　　　　　　　　　　　　　　（佐藤（1982）からの抜粋）

【東西の対立】
　日本列島における東西の対立として顕著な語彙の一つに，〈塩辛い〉を「しょっぱい」というか，「からい」というのか違いがある（図4.1）.「しょっぱらい」といった言い方もある.

【方言周圏論】
　文化の中心地から同心円をなすようにことばが伝播することで，古語が文化の中心地の周縁に確認できるという現象がある. 本居宣長などの指摘があるのを受けて，柳田国男によって理論化された（図4.2）.
　方言が多い対象物について，意味分野ごとに分類した調査（真田，1977）[注2]によると（図4.3），「自然物および自然現象」がもっとも多く，「人間活動－精神および行為」がこれにつぐ. また，方言量の多い項目（真田，1978）は，対称代名詞についで，生物の呼称に関するものが多くあがっている.

4.2.3 新方言
　従来とは異なる方言が，とくに若者を中心に用いられているが，次のように人の往来やメディアなどを媒体として東京のことばに流入したものもある（図4.4）.
　　●北海道から：あおたん（あおあざ）
　　●東北・北関東から：ちがかった
　　●東京都西部から：うざったい
　　●中部地域から：～じゃん
　　　　　　　　　　　　　　　　　　　　　　　（井上（1998）より抜粋）

（注2）　東条操編『分類方言辞典』の30語以上の方言量をもつ見出し項目を『分類語彙表』の意味範疇のなかに配置し，分布を示したもの.

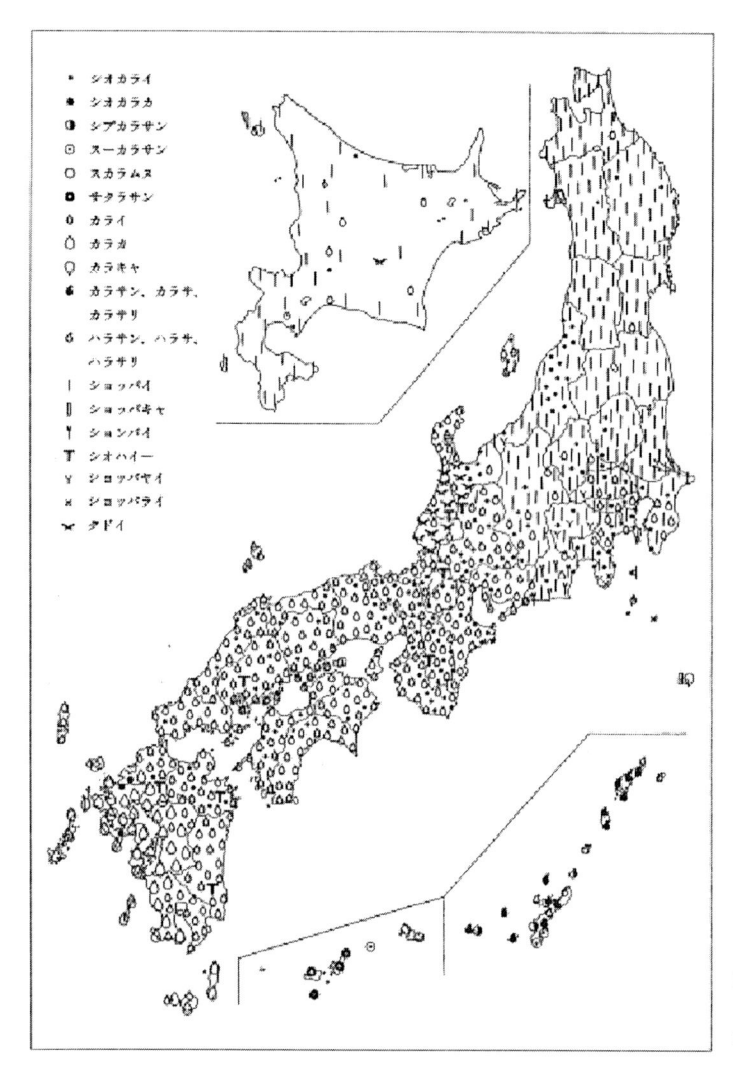

図4.1 「しおからい」の表現分布（佐藤，2002）

　また，従来の伝統的な方言と共通語の干渉によって，中間的な形態が生み出される．たとえば，大阪で「ケーヘン」，京都で「キーヘン」が共通語の「来ない」と混淆して「コーヘン」といわれるようになったものがある．これを「ネオ方言」ともいう．

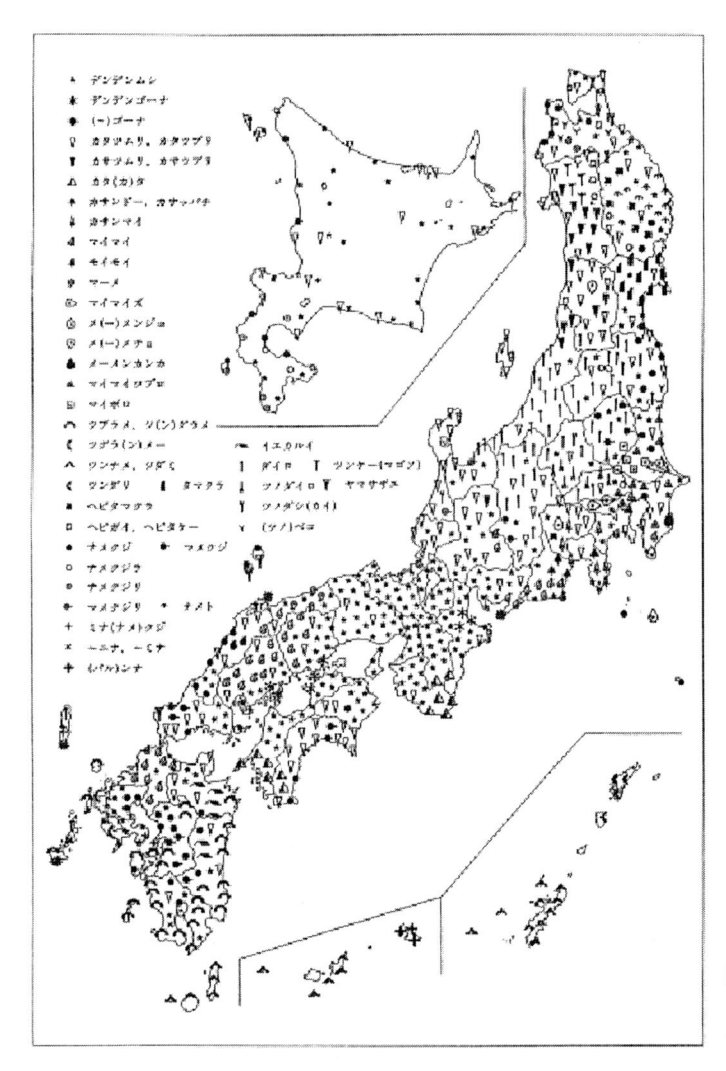

図 4.2 「カタツムリ」の表現分布(佐藤, 2002)

*演習 4.2

基本課題

次の(a)〜(d)のような意味の語を日常ではどのようにといっているか(また, 幼いころどのようにといっていたか)考えてみよう.

(a) 傷口に直接貼る救急用絆創膏.「指先を切ったので, すぐに〜を貼った」

140   第4章　ことばと社会

〔方言量の多い対象〕

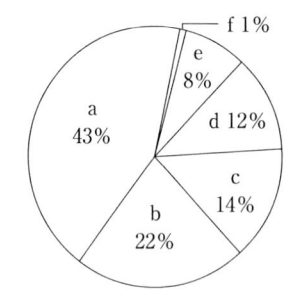

a：43%
b：22%
c：14%
d：12%
e：8%
f：1%

ベストテン

意味範疇	項　目	方言量
c	対称代名詞	178語
a	蝸　牛	174語
a	め だ か	154語
c	たくさん	146語
a	蟻 地 獄	144語
b	片足跳び	135語
a	かまきり	129語
a	ひ き 蛙	127語
b	馬　車	124語
a	おたまじゃくし	120語

a：自然物および自然現象，b：人間活動-精神および行為，c：人間活動の主体，d：人間活動の生産物-結果および用具，e：抽象的関係，f：その他．

図4.3　方言量の多い対象と，方言量の多い項目（林監修，1982）

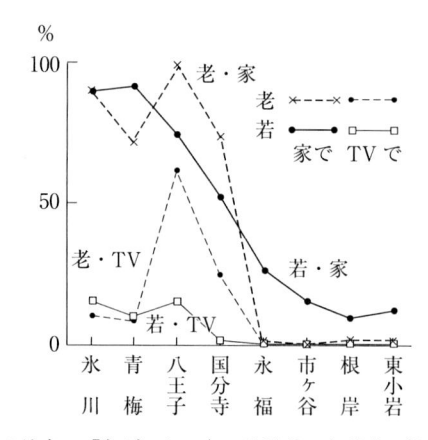

図4.4　東京都内8地点の「うざったい」の地域差・年齢差・場面差（井上，1983）

(b) 物をもとの場所に収納したり，きちんと整理したりする．「部屋を～」
(c) 食物を調味料入りの汁などで加熱し，食べられるようにする．「大根を～」
(d) ご飯や汁を直接食べられるように器に移す．「ご飯を茶碗に～」

発展課題
(i) 「ありがとう」を意味する語は全国にどのようなものがあるのか整理してみよう．
(ii) 歴史的に方言はどのように扱われ，認識されたのか古典作品などで調べてみよう．

4.3 性・年齢とことば

4.3.1 男性語と女性語

男性と女性のことばの差について，加治木（1996）の調査によると，「あまり違わないようになってきている」78.5%，「いまも大いに違っている」17.5%，「どちらともいえない」3.4% というように，その差があまり意識されなくなってきているようである．その一方で，男性と女性のことばづかいの理想について尋ねると，「はっきり違っているのがよい」13.9%，「多少違っているのがよい」60.3%，「あまり違わないのがよい」20.3%，「同じになるのがよい」3.8% というように，その違いについて肯定的な意見が多いのは興味深い．

男性と女性のことばの違いは，自称詞・感動詞・文末形式に現れることが多い．小説・戯曲の自称詞と対称詞についての調査（図4.5）では，男性は「ぼく」「おれ」，女性は「わたし」「あたし」の順になる．

東京の中学生に対して，同性の友人に対する自称詞使用者の率を調査した結果によると，男子は「おれ」91.7%，「ぼく」47.1%，女子は「わたし」73.4%，

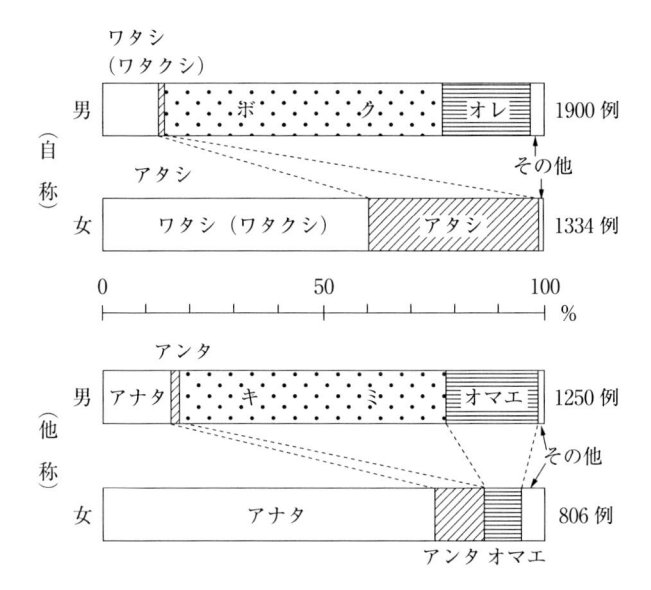

図 4.5　現代の小説・戯曲における自称・対称の男女差（芝，1974）

「あたし」69.6％となっている．また，語種に関してみると，話しことばのなかで，男性は女性よりも漢語の使用率が高いという報告もある（土屋，1965）．

その他，敬語においては，「弁当」というか，「お」をつけて「お弁当」というか，違いがみえる場合もある（4.12節参照）．謙譲語Iの「あげる」を美化語として，たとえば，「花に水をやる」というか，「花に水をあげる」というかの場合に，後者を使用することは，1970年以降生まれの女性に多く見受けられる．この言い方は，当時誤用とされたものであるが，現代では多用されるにしたがって，もはや誤りとはいえなくなりつつある．

4.3.2 幼児語・若者語・老人語
【幼児語】

幼児が言語を習得しはじめる際の語彙には，人・身体・食べ物・動物に関する語，挨拶語など社会とのかかわりをもつための語が多いのが特徴的である（表4.2）．その語構成上の特徴としては，「ワンワン・ブーブー」など同じ音をくり返すことも多い．とくに，「ワンワン」が四足動物一般を示したり，「マンマ」が食

表4.2　早期表出語彙の意味カテゴリー（岩立・小椋，2005）

意味分野	幼児語を含めず分類した項目数	幼児語を含めて分類した項目数
幼児語	17（34%）	
普通名詞	14（28%）	21（42%）
食べ物	7	8
体の部分	4	6
動物の名前	2	4
衣類	1	2
乗り物	0	1
会話語・あいさつ・日課	9（18%）	9（18%）
人びと	5（10%）	8（16%）
性質	2（4%）	3（6%）
代名詞	1（2%）	1（2%）
動作語	0（0%）	4（8%）
その他	2（4%）	4（8%）
合計（15〜21か月）*	50	50

（注）＊50語に達する月齢．（　）内は50語に占める比率．

```
abayo, "goodbye."                    enko,† "to sit."
an-yo, from ashi, "the               nenne, from neru, "to
  feet," hence "to walk."              sleep."
bāya, from obāsan, "an old           nennei, from ningyō, "a
  lady," "grandmamma."                 doll."
bebe, "clothes."                     tete, "the hands;" from te
botchan,* "a little boy."              repeated.
chan, from san, "Mr.,"               ŭmamma,‡ "food."
  "Mrs.," "Miss."                    wan-wan, "a dog."
```

図 4.6　明治期の日本語会話書 (B. H. チェンバレン, "*A Handbook of Colloquial Japanese* 2nd ed.")

べ物全般を表したりしており，これを過大般用という．ただし，動物や食べ物に関するそれぞれの語彙を徐々に獲得していくにつれて，しだいに「ワンワン・マンマ」の類は用いられなくなる．

ちなみに，明治時代の日本語会話書には，幼児語として「あんよ・べべ・わんわん」などがあがる（図 4.6）．

【若者語】

若者のことばとしては，テンポとのりの良さが好まれる．「就職活動」を「就活」というように，略語をつくることも多い．若者だけとは言い切れないが，何か誘われたときの断りとして，「ちょっと，微妙，みたいな」などと，自分の意見をはっきりさせないことも特徴的である．

若者語の変化は非常に激しく，新語・流行語の視点からも，また，隠語とのかかわりも考慮する必要がある（4.4 節，4.10 節参照）．たとえば，KY 語というアルファベットを組み合わせたものが多数用いられる時期もあった．

【老人語】

『新明解国語辞典』（三省堂）では，小見出しに「老人語」を設け，「すでに多くの人の常用語彙の中にはないが，高年の人には用いられており，まだ死語・古語の扱いは出来ない語」（第 7 版（2011）の記述）と定義している．用例として「安気・気散じ・湯殿・よしなに」をあげている．

一方，ほかのことばと同様に老人語も変化すると考えるべきであるから，どの時点での老人語であるか，廃語・死語や古語などとの関係も考えなければならない（4.10 節参照）．

＊演習 4.3

基本課題

男女で違うことばづかいをする場合を探してみよう．

発展課題

(i) 家族など，小さな集団のなかだけで通じることばがないのか探してみよう．

(ii) 特定の地域や年齢層だけで用いられることばがないのか探してみよう．
  例：〈喫茶店〉や〈マクドナルド〉の略した言い方，親族呼称など．

4.4 集 団 語

4.4.1 職 業 語

社会ではさまざまな集団が形成されるが，そのそれぞれの社会集団に特有の，また，ほかとは異なる言い方が用いられているといっても過言ではないだろう．そのような集団のうち，特定の職業・業種で用いるものを**職業語**という．

職業それぞれに職業語があるともいえ，どのような種類のものがあるかは計り知れないが，次にそのいくつかを例示する（米川，2001などによる）．

- すし屋：上がり〈お茶〉　おあいそ〈勘定〉　がり〈しょうが〉　さび〈わさび〉　シャリ〈飯〉　バラン〈笹を模した仕切り〉　むらさき〈醤油〉
- タクシー：キス〈車どうしの軽い接触事故〉　実車〈客を乗せていること〉　白タク〈営業許可を受けていないタクシー〉　水揚げ〈運賃収入〉　路け場〈路上休憩場〉　ロング〈長距離の乗客〉
- 警察：上げる〈犯人逮捕〉　落ちる〈自供する〉　お宮入り〈迷宮入り〉　害者〈被害者〉　がさ入れ〈家宅捜査〉　仏〈死体〉　星〈犯人〉
- 放送・芸能：顎足つき〈食事・交通費支給〉　おす〈予定時間を超えること〉　カンペ〈カンニングペーパー〉　カメリハ〈カメラ・リハーサル〉　手タレ〈手のモデル〉　特番〈特別番組〉　番宣〈番組宣伝〉　ロケハン〈ロケーション・ハンティング〉
- 医学・医療：アッペ〈盲腸〉　うそく〈右側〉　エッセン〈食事〉　カイザー〈帝王切開〉　カテ〈カテーテル〉　のうげ〈脳外科〉　ステト〈聴診器〉　ブルート〈血液〉　前立ち〈手術の第一助手〉

4.4.2 集団語の広がり

特定の集団で用いられていたことばには，職業語としてだけでなく，しだいに幅広い分野で用いられはじめて一般化する語もある．「一見(いちげん)」(はじめての客)，「看板」(その日の営業を終えて，閉店すること)などは，比喩的に日常会話で用いたとしても意味が通じる．また，集団語のなかには，複数の業界にまたがることばや，同じことばでありながらそれぞれの業界で意味が異なることば(例：リハ(リハーサル，リハビリ))がある．

歴史的には，武者ことばや女房ことばなども集団語に含まれることになるが，一般化した女房ことばとして「おはぎ・おでん・しゃもじ」などがある．

4.4.3 隠　　語

刑事ドラマで，警察を「サツ」，ピストルを「ハジキ」，麻薬を「ヤク」など独特な言い方を耳にすることがある．これらは集団語の一つとして位置づけることができ，とくに仲間以外に知られたくないような場合に用いられるものを**隠語**[注3]という．また，仲間であることを認め合い，仲間意識・連帯感を強めるためにも用いられる[注4]．

【隠語の構成法】

もともとあることばの意味から転じて用いられたもの(転義)や，ことばのかたちを変化させたものが多い(一部，職業語と重複している)．

(1) 音節転換：ドヤ(宿)　　ダフ(札)　　ネタ(種)　　ヤサ(住所 ← 鞘(さや))
(2) 音節省略：サツ(警察)　　ドス(脅(おど)す)　　バックレル(しらばっくれる)
(3) 外形の類似：シャリ(米・飯)　　モク(タバコ ← 雲(くも))
(4) 連想・比喩：ジャリ(こども ← 砂利(じゃり))　　別荘(留置場)　　ヒモ(情夫)
(5) 動作・作用：ハジキ(ピストル)　　タタキ(強盗 ← 戸を叩(たた)き割る)
(6) 文字の分解：サンズイ(酒・汚職)　　ロハ(無料 ← 只(ただ))　　お宮入り(「迷宮入り」の「宮」)
(7) 読み方の違い：ガン(眼)　　マエ(前科の「前」)
(8) その他：ホシ(犯人 ← 目星(めぼし))　　カツアゲ(恐喝 ← 喝(かつ)+巻(ま)き上げる)

【隠語と職業語】

隠語と職業語との違いは，なにかを隠そうとする意図(秘匿性)の有無が大き

[注3]「符牒」はおもに値段などの数字に用いられるが，隠語の意でも用いられる．
[注4]「データ」,「ドラム」などのアクセントの平板化についても同様の現象である．

くかかわる．たとえば，医者が患者に気づかれたくない場合などに職業語を用いたならば，隠語の性格を有しているともいえる．また，職業語と類似する業界用語があるが，デパートのトイレの表現などからわかるように，客に知られたくないという配慮からのものでもあり，隠語に近い概念をもつ．デパートごとに特有の表現があり，江戸時代の呉服店での使用に由来する語もある．

- 「有久」〈食事〉（高島屋）
- 「九番」〈休憩〉　「遠方」〈トイレ〉（三越）
- 「ウララ」〈万引き〉　「お成り」〈客〉（松坂屋）
  （括弧内は，ある時期，そのデパートで用いられていたという）

【インターネット・スラング】

インターネット上では，対象を遠回しに揶揄するため，また有害サイトへのアクセス制限（フィルタリング）を回避するためなどに，誤変換などを意図的に用いた文字による隠語（インターネット・スラング）が見受けられる．差別的，侮蔑的，性的なものが多い．

- 当て字：窓（Windows）　　鯖（サーバー）　　密林（Amazon）
- 誤変換・誤入力：厨房（中学生）　　うさ（USA）

また，「オフ会」，「炎上」と広く理解されていることばもある．

＊演習 4.4

基本課題

(I) テレビ・映画のドラマなどで用いられる職業語を探してみよう．

(II) 隠語が一般社会で認知されるようになるには，どのような条件が必要であるのか考えてみよう．

発展課題

(i) 職業間において造語方法に異なりや，特徴があるのかどうか整理してみよう．

(ii) インターネット・スラングがどのように生み出されているのかその背景を考えてみよう．

4.5 専門語

4.5.1 専門語

法律・医学・医療・哲学・IT をはじめとして，特定の集団・分野で用いられる専門性の高いことばを**専門語**（専門用語とも）という．また，学問分野での使用が多いことから学術用語とよぶこともある．

専門語はあいまいさを排除しなければならないため，専門的に厳密に定義づけられている．そのため，特定の分野で用いられる特殊なことばであることから，耳なれない難解な印象を与えがちでもある．

また，もとの外国語は同じでも，翻訳の際に異なった訳語を与えることもある．たとえば，constant を，物理学や数学では「常数」，化学では「恒数」，工学では「定数」，経済学では「不変数」と訳して，分野ごとに異なる専門語が用いられたこともかつてあった．

専門語を設定する際に，専門分野で使用されるのみで，ほとんど日常生活では用いられない語，専門分野と日常生活の双方で用いられる語，それぞれに分けて考える立場もある．

4.5.2 いろいろな専門語

各分野において専門語が存在するが，ここでは法律・医学・医療・哲学・IT の分野で用いられていることばをあげる．

(1) 法律用語

悪意〈効力に影響を及ぼす事情を知っていること〉　教唆（きょうさ）〈他人をそそのかして犯罪を行わせること〉　金銭消費貸借契約〈借金〉　故意〈犯罪を行う意思〉　従犯〈他人の犯罪を補助した人〉　善意〈ある事情を知らないこと〉　誣告（ぶこく）〈事実を偽わり伝えること〉　量刑〈刑罰の種類と重さを決めること〉

日常用いる意味とは異なる語もある．このほかにも，「現場検証」は〈警察が裁判所から検証令状をとって現場を調べること〉，「実況見分」は〈警察が検証令状をとる前に独自に現場を調べること〉をさしていて，両者には使い分けがある．

2009 年 5 月の裁判員裁判制度の実施に伴い，「法廷用語の日常化に関するプロジェクト」により，よりわかりやすい正確な法廷用語にする方向が示されている．

(2) 医学・医療用語

齲歯〈虫歯〉　含嗽〈うがい〉　仰臥位〈あおむけに寝た姿勢〉　産褥〈出産時に産婦が用いる寝床〉　褥瘡〈床ずれ〉　咳嗽〈せき〉　虫垂炎〈盲腸〉　麦粒腫〈ものもらい〉　流行性耳下腺炎〈おたふくかぜ〉

ただ，これらの専門語は，看護師国家試験を受験する外国人看護師候補者にとっては，かなり難解なものといえよう．

(3) IT 用語

拡張子〈ファイルの種類を示す文字列〉　アドオン〈ソフトウェアの追加拡張機能〉　アフィリエイト〈リンクを閲覧することで主催者に報酬が支払われる広告方法〉　ドメイン〈インターネット上の識別記号〉　Cookie〈web サイトが訪問者のPCにデータを残す仕組み〉　SSD〈フラッシュメモリを用いたドライブ装置〉　NAS〈ネットワークストレージ〉

外来語・略語が多く，その説明も外来語を多用している．新たに流入してくる外国語（英語）を日本語の音韻体系に組み込んでいることが多い．

4.5.3　語種でみる専門語

専門語の語種別調査によると，各分野ともに漢語が多くを占めている（図 4.7）．

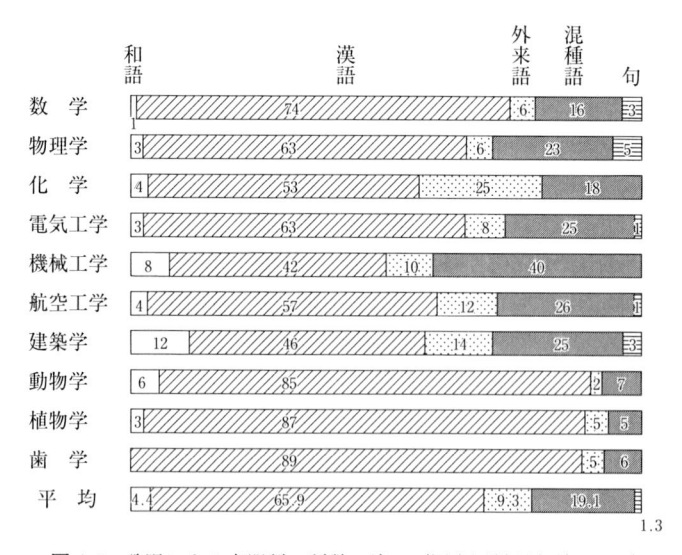

	和語	漢語	外来語	混種語	句
数　学	1	74	6	16	3
物理学	3	63	6	23	5
化　学	4	53	25	18	
電気工学	3	63	8	25	1
機械工学	8	42	10	40	
航空工学	4	57	12	26	1
建築学	12	46	14	25	3
動物学	6	85		2	7
植物学	3	87		5	5
歯　学		89		5	6
平　均	4.4	65.9	9.3	19.1	1.3

図 4.7 分野による専門語の語数の違い（国立国語研究所，1981）

このことが，専門語は難解であるという印象を与える一因であると考えられる[注6]．他方，和語は少ないが，混種語の語基などに用いられる場合も散見される．

スポーツにおける専門語では，相撲は和語が63.9%を占め，外来語はない．一方，ボクシングとテニスでは外来語が90%を超え，和語は用いられない．また，体操では混種語が56.9%と突出しているが，たとえば「新月面宙返り」と，技の名前が複数の接辞・語基をもとにしていることによる[注7]．

*演習4.5

基本課題
(I) 近年用いられはじめた専門語を語種の面から分類してみよう．
(II) 最近は経済用語やIT用語など専門語がふつうに用いられることが多くなったようであるが，その要因について考えてみよう．

発展課題
分野によって専門語に語種や語構成などで違いがあるのかどうか整理してみよう．

4.6 ことばの新旧

4.6.1 年代差による違い

「ぶどう酒・ワイン」「開店・オープン」の使い分けについて，外来語の使用が増えている（加治木，1996，図4.8（左））．「ワイン」については年代差が大きいが，「オープン」ではそれはあまり関係ないようである（図4.8（右））．このように，同じ物事をさすことばに違いがみえるのは一つに年代差が関与している．

4.6.2 ことばの言い換え

ことばの使い分けという観点からみると，相手・場面・話題という状況と大いにかかわる場合もある．たとえば，テレビ・ラジオで，コメンテーターを紹介す

[注6] しかし，英語や外来語の場合，まったく意味がわからない語は理解できないままであろう．これに対して，和語や漢語であれば，とくに漢字の字義からその専門語の意味をある程度推測することができるとみられる．
[注7] 国立国語研究所（1981）による．

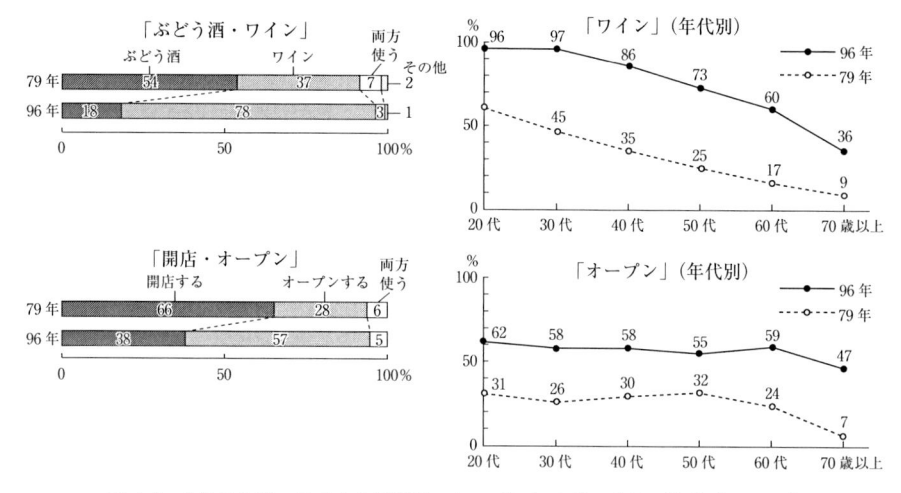

図 4.8 「ぶどう酒・ワイン」「開店・オープン」の使い分け（加治木, 1996）

る際に「識者」よりも「専門家」というほうが伝わりやすい．また，「下請け」を「協力会社」と表現することで印象が変わる．

とりわけ，心身の障害や病気，職業・身分，性，人種・民族，地域などに関して，差別に当たったり不快に感じたりすることばは言い換えられる．

文盲 → 読み書きのできない人，非識字者　　足切り → 二段階選抜，門前払い
百姓 → 農民，農家の人，農業従事者　　女工 → 女性従業員　　看護婦 → 看護師　　漁夫 → 漁民，漁船員　　婦女子 → 女性とこども　　外人 → 外国人
裏日本・表日本 → 日本海側・太平洋側　　登校拒否児 → 不登校の児童・生徒

一方，使われた側の立場を意識するあまり，過剰に行われる言い換えについては，言い換えを行うだけで根源的な解決につながらなかったり，言い換え語が差別語に転じてしまう結果となったりと，問題も抱えている．

4.6.3　新聞・放送での言い換え

新聞と放送では，目で文字を読むということと，耳で音声を聴くということにおいて大きな違いがあり，媒体によった言い換えが行われている．隠語や低俗な表現を排除したり，別の表現（例，ピンはね → 上前をはねる）で「言い換え」[注8]たりすることがある．しかし，専門語などは使用しなければならない場面も多く，解説・注といった説明を加える「言い添え」（たとえば，「メセナ活動」

に「企業による社会への貢献，文化芸術への貢献」などとつけ加える）によって進めることもある．さらに，新聞などでは説明したいことばを欄外に設定することもある．

放送では，難解な漢語（例：軋轢 → 摩擦，払拭する → ぬぐいさる），専門語，なじみのあまりない表現（例：不具合 → 具合／調子が悪い（よくない）），誤解を生じやすい同音異義語（例：市立と私立）に対する扱いが必要になる．

また，何気なく使っている身のまわりのことばが登録商標されている場合がある．そのことばを新聞や放送で用いると，時として類似したものを話題としているのに登録商標されたものを傷つけたり，かえって宣伝になったりしてしまう場合がある[注9]．そこで，一般的な商品名に言い換えを行うことがある．

エレクトーン → 電子オルガン　　カップヌードル → カップ麺　　ジェットスキー → 水上バイク　　セロテープ → セロハンテープ　　宅急便 → 宅配便　　着うた → 着信メロディー　　ホッチキス → 書類綴じ器　　UFOキャッチャー → クレーンゲーム機

4.6.4　言い換えの提案
【外来語の言い換え】

日々，続々と新たな外来語が生み出され，用いられている．「外来語や外国語などのカタカナ語が多いと感じることがあるかどうか」という問い[注10]に，86.1%が「ある」（「よくある」「たまにある」の合計）と答えている．外来語の使用には肯定的な意見がある一方で，わかりにくいために否定的な意見も多い．そのような背景を受けて，国立国語研究所が公共性の高い外来語176語に対して，「「外来語」言い換え提案」を行った．理解度25%未満のものの一部とその言い換えをあげる．

アウトソーシング → 外部委託　　イノベーション → 技術革新　　グローバリゼーション → 地球規模化　　スクリーニング → ふるい分け　　タイムラグ → 時間差　　トレーサビリティー → 履歴管理　　ハザードマップ → 災害予測地図／

[注8]　忌詞（4.9.5項参照）も含めることができる．また，戦時下での「玉砕」（全滅），「散華」（戦死），「転進」（退却）もある意味での言い換えである．

[注9]　そのようななかでも「正露丸」は登録商標されているが，普通の名称として扱われ，ほかの会社も商品名として用いている．

[注10]　文化庁「平成19年度「国語に関する世論調査」」による．http://www.bunka.go.jp/kokugo_nihongo/yoronchousa/h19/kekka.html

防災地図　モラトリアム → 猶予　リユース → 再使用　ワンストップ → 一箇所

【医療用語の言い換え】
病院で用いられることばがわかりにくいため，国立国語研究所による「「病院の言葉」をわかりやすくする提案」がある．
- 類型 A　日常語で言い換える．
  例：予後 → 見通し・今後の病状についての医学的な見通し
- 類型 B　明確に説明する
  例：メタボリックシンドローム → 内臓に脂肪がたまることにより，さまざまな病気を引き起こす状態．内臓脂肪症候群．代謝症候群
- 類型 C　重要で新しい概念の普及を図る
  例：インフォームドコンセント → 納得診療．説明と同意

＊演習 4.6

基本課題
次の外来語を同じ意味になるように和語や漢語を用いて言い換えよう．
(a)　ケーキ　　(b)　オーブン　　(c)　ストロー　　(d)　フォーク
(e)　ボールペン　(f)　トッピング　(g)　パーマ　　(h)　プレゼンテーション
(i)　ワンピース　(j)　サングラス　(k)　シュシュ　(l)　ステレオ

発展課題
新聞や放送では，ことばをどのように言い換えたり，どのような言い添えを行ったりしているのか観察して整理してみよう．

4.7　広告のことば

4.7.1　広告のことばの特徴

私たちの身のまわりにはさまざまな商品があふれ，その紹介・宣伝のための広告がテレビ・ラジオ・インターネット・新聞・雑誌をはじめ，交通機関・街頭など随所で見受けられる．これらの広告は，映像や音楽・効果音で表されると同時に，ことばは欠くことのできないものである．

テレビやインターネットでは，音声言語や文字言語を用いて伝えることができ

るが，ラジオでは音声言語に，新聞や雑誌では文字言語によることになる．そのために，それぞれの特性を生かさなければならない．たとえば，新聞や雑誌では，文字を用いたことば遊びのような表現が可能になる．

4.7.2　キャッチ・コピー

夏場に売上げの伸びない鰻屋が，平賀源内に相談し，「本日丑の日」と書いた張り紙を店先に出したところ繁盛したそうである．このように商品の販売には宣伝文句はとても重要であり，**キャッチ・コピー**[注11]という．

コマーシャルなどでも目にしたり，耳にしたりするキャッチ・コピーはさまざまな分類が可能であるが，ことばの面からいくつかに分けてみる[注12]．

(1) 七五調：出かけるときは忘れずに（アメリカン・エキスプレス）
　　　　　セブンイレブン，いい気分（セブン-イレブン）
(2) 音連続：こんにちは　こんにちワン（AC JAPAN）
　　　　　インテルはいってる（インテル）
(3) 同音異義：志望していないのに，脂肪はつく．（中央酪農会議）
　　　　　　こんちく症．どうしま症．花粉症．（協和発酵工業）
(4) 掛詞：人はのりです．（山形屋）
　　　　マチの"ほっ"とステーション（ローソン）
(5) 英語：i'm lovin' it（マクドナルド）
　　　　Do you have a HONDA?（ホンダ）

巧みに社名などを組み込んでいるものもあるが，「早い，安い，うまい」（吉野家）のように，聞いただけでわかるものもある．図4.9は図案と意味も考えた「ことば」によるロゴが，より消費者にイメージを伝えやすくしている．

図4.9　「ことば」を巧みに利用した箱根小涌園ユネッサンのロゴ

4.7.3　商 品 名

商品名も広告の一環としてとらえてみると，薬品名・食品名・車名などに興味深い名称がある．たとえば，薬品では，「龍角散」「正露丸」という漢語を用いた古くからのものがある一方，次のような症状や特徴と関連させて名称をつけたと

(注11)　厳密には，ヘッドライン，キャッチ・フレーズと区別することもある．
(注12)　一部，「みんなで集めるキャッチコピー集」http://www.catchcopy.net/ による．

考えられるものも多い．

アルガード（花粉対策薬）　イララック（鎮静剤）　カコナール（風邪薬，葛根湯を用いる）　ケロリン（頭痛薬）　ジキニン（風邪薬）　ストッパ（下痢止め）　ニコレット（禁煙補助剤）　熱さまシート（熱冷却シート）　のどぬ〜る（のどの薬）　マイティア（目薬）

4.7.4　広告の手段

【ポップ広告】

店頭に置く商品説明や価格を示したポスターやカードをポップ広告(注13)という．とくに，書店で販売促進のために，書籍の書名や著者といった基本的な情報に加え，本のセールス・ポイント，特徴，内容などを端的に示したものがある．手書きのものも多く，ベスト・セラーのきっかけとなるようなケースもある．

【引札】

「広告」という語が用いられる前には，「引札(ひきふだ)」「ちらし」「びら」などが江戸時代に用いられている．歌舞伎役者の台詞をまねたものや，ことば遊びが多い．錦絵の要素を取り込んだもの，高度な印刷技術によるものなど，明治時代にも受け継がれて，広告メディアとしての役割を果たした（図4.10）．

また，「広告」ということばが用いられた古い例として，1872年の「横浜毎日新聞」をあげることができる(注14)．

図4.10　高崎屋引札（凸版印刷株式会社　印刷博物館所蔵）

＊演習4.7

基本課題

自身の関心のある商品のキャッチ・コピーをつくってみよう．

発展課題

広告のことばを集めて分類してみよう．

(注13)　point of purchase の略．
(注14)　キッコーマン醤油株式会社編（1968）『キッコーマン醤油史』．

4.8 季節のことば

4.8.1 季節の分類

手紙を書き表す際に，頭語（4.9.3項参照）のあとに，「五月晴れの続くこのころ」などと季節を話題とした時候の挨拶を書き記す．これは日本の季節の特徴が豊かであり，それらにかかわることばが多くあるためでもある．このほか「大寒に入り」「立秋の候」といった表現も時候の挨拶として用いる．この「大寒」「立秋」という語は二十四節気に由来するものである．

4.8.2 季　　　語

　五月雨を　あつめて早し　最上川（松尾芭蕉）

俳諧の修辞の一つとして季節を表す語（**季語**）が詠みこまれる．季語は，新年，春（1～3月），夏（4～6月），秋（7～9月），冬（10～12月）に分けられるが，陰暦を用いるために，日常感覚と若干のずれが生じている．季節ごとに，年中行事や風物などを時候・天文・地理・人事・動物・植物などに整理し解説した書物を歳時記という（表4.3）．

表4.3　季節を表すことば

	新年	春	夏	秋	冬
時候	去年，今年，新年，初春	啓蟄，八十八夜，花冷え	梅雨，土用，半夏生	八朔，行秋，夜長	小春，除夜，節分
天文	御降，初明り，初日	朧月，東風，花曇	炎天，五月雨，夕焼	天の川，十六夜，鰯雲	風花，時雨，霜
地理	初景色，初富士，若菜野	水温む，焼野，雪解	青田，滝，噴井	秋出水，刈田，不知火	枯野，氷柱，水涸る
人事	独楽，宝船，初詣	潮干，茶摘，雛	田植，端午，浴衣	送り火，七夕，紅葉狩り	埋火，酉の市，蒲団
動物	初鶯，初声，嫁が君	燕，蜂，若鮎	蠅，初鰹，時鳥	雁，秋刀魚，鈴虫	兎，鰤，水鳥
植物	歯朶，橙，福寿草	梅，桜，土筆	苺，菖蒲，月見草	銀杏，栗，紅葉	寒椿，山茶花，水仙

4.8.3 「雪」を表すことば

冬の象徴として「雪」がある．この雪を表すことばの種類には地域によって大きな違いがある．南国（たとえば奄美の加計呂麻島方言）では「ゆき」の1語しかみられないのに対して，北国，たとえば北陸の五箇山方言の調査（真田，1976）によると，雪を表すことばに次の21語があげられる．

　　イキ〈雪〉　　オーイキ〈大雪〉　　コイキ〈小雪〉　　コゴメイキ〈粉雪〉　　ボタイキ〈ぼたん雪〉　　アカイキ〈大陸の砂塵のまじった赤っぽい雪〉　　ベチャイキ〈水分を多く含んだ雪〉　　イキバナ〈雪の結晶〉　　イキフリ〈雪降り〉　　スカスカブリ〈またたく間に積るような激しい雪降り〉　　フブキ〈吹雪〉　　ナダレ〈雪崩〉　　アワ〈表層雪崩〉　　シミシミ〈凍結した積雪面〉　　シミシミバンバン・ガリガリ・ソーラ〈同左〉　　ハツイキ〈初雪〉　　ネイキ〈根雪〉　　ノコリイキ〈残雪〉　　ヤネイキ〈屋根に積った雪〉

生活に深く根ざしている現象に対しては，細かな分類のうえで，ことばが存在し，用いられていることがわかる[注15]．

一方，沖縄では，「「日焼け」をあらわす方言形は首里方言にも今帰仁方言にも見あたらない」（かりまた，2002）とある．このことはあまりに当たり前の（そのために気づかない・気づきがたい）現象に対しては，ことば自体を有することがない例ともいえるだろう．

＊演習 4.8

基本課題

次の語は春夏秋冬のどの季節を表すことばか，答えてみよう．

(a) うぐいす　　(b) 霞（かすみ）　　(c) 風薫る（かお）　　(d) 桔梗（ききょう）
(e) 金魚（きんぎょ）　　(f) 三寒四温　　(g) 秋刀魚（さんま）　　(h) 時雨（しぐれ）
(i) 沈丁花（じんちょうげ）　　(j) 水仙　　(k) 野分（のわき）　　(l) 花冷え
(m) 牡丹（ぼたん）　　(n) 水無月（みなづき）　　(o) 迎え火　　(p) 山眠る（ねむ）

発展課題

(i) 二十四節気を表すことばを調べ，その語の由来を整理してみよう．
(ii) 地域によって，ある事物・現象をめぐってさまざまな言い方（4.8.3項参照）が用

(注15) 季節のことばではないが，「波」を表すことばが，漁村では34語あり，細かな分類をしている．一方，山村では「ナミ〈波〉」と「シブキ〈飛沫〉」の2語しか観察されない（室山，1978）．

いられる場合がある．それにはどのような語があるのか調べてみよう．

4.9 挨拶のことば・縁起のよいことば・忌詞

4.9.1 挨拶のことば

日常生活で円滑にコミュニケーションを行う手段として，挨拶は欠かすことのできないものである．

挨拶は，朝（「おはよう」），昼間（「こんにちは」），夕方・夜（「こんばんは」）によっての使い分け，訪問したり（「ごめんください」），別れたり（「さようなら」）する際，また食事をするとき（「いただきます」「ごちそうさま」），さらには冠婚葬祭においての非日常的・公的な挨拶など，さまざまな相手・場面・話題で用いられる．

たとえば，「おはよう」という挨拶に対して，「昨日ほど早くないよ」などと答えることはない．また，天候を話題にしたり，品物を渡したりするときに「つまらないものですが」といったりするのは，あくまでも社交のために用いるものであって[注16]，話し手の意志を伝達する働きをしているわけではない[注17]．

挨拶には言語的コミュニケーションによるものと，握手や手を振るといった非言語的コミュニケーションによるものがある．

4.9.2 場面による挨拶の違い

「おはよう（ございます）」と「こんにちは」の違いを考えてみると，時間帯による使い分けだけではなく，「こんにちは」は一緒に生活をしている家族間では用いることはないだろう[注18]．

また，仕事が終わったときに，どのようなことばを用いるのかについては，判断に迷うところではあるが，表4.4のような調査結果がある．

(注16) 「お出かけですか」「ちょっとそこまで」といったやりとりもこれに類する．
(注17) クッションことばとのかかわりもある（4.12節参照）．
(注18) 「こんにちは」は「こんにちは，いかがですか？」といった問いかけであり，日常生活をともにする親しい関係には使いがたい面がある．

また，お礼のことばとして「ありがとう」というか「すみません」というか，年齢や性別などの違いも含めて考える必要もある．

表4.4　仕事が終わったときにかけることば

	職階が上	職階が下
お疲れ様（でした）	69.2	53.4
ご苦労さま（でした）	15.1	36.1
ありがとう（ございました）	11.0	5.0
どうも	0.9	2.8
なにもいわない	0.6	0.5

（文化庁「平成17年度「国語に関する世論調査」について」をもとに作成）

4.9.3　手紙での挨拶とことば

新年の挨拶（元旦から7日ごろまで），寒中の挨拶（寒の入りから立春の前日まで），暑中見舞い（小暑から立秋の前日まで），残暑見舞い（立秋から8月末ごろ）などはよく知られているところである．

また，手紙のなかでは，**頭語**（書き出しのことば）や**結語**（結びのことば）が用いられ，**時候の挨拶**（4.8.1項参照）や安否の挨拶も書き記される．頭語と結語の組み合わせの一例を表4.5にあげる．

表4.5　手紙文の頭語と結語

	頭　　語	結　　語
通常	拝啓・拝呈・啓上・一筆申し上げます（女性）	敬具・敬白・かしこ（女性）
丁寧	謹啓・粛啓・恭啓・謹んで申し上げます（女性）	謹言・謹白・頓首，かしこ（女性）
前文省略	前略・寸啓・冠省・前略ごめんください（女性）	草々・早々・不一・不備，かしこ（女性）
緊急	急啓・急呈・急迫・取り急ぎ申し上げます	敬具・敬白・かしこ（女性）
返信	拝復・復啓・謹復・お手紙拝見しました（女性）	敬具・謹言・かしこ（女性）

4.9.4　縁起の良いことば

新年・結婚式・出産・開業・入学など，おめでたい場面で用いられる縁起の良いことば（吉語ともいう）がある．

　　吉祥　　吉兆　　迎春　　瑞宝　　平安　　富麗　　春秋富　　長楽萬年

また，こどもの名前として住職に紹介された縁起の良いことばをすべて並べた「寿限無」は落語の前座噺としてよく知られる．

　寿限無寿限無　五劫の擦り切れ　海砂利水魚の　水行末　雲来末　風来末　食う寝る処に住む処　やぶら小路の藪柑子　パイポパイポ　パイポのシューリンガン　シューリンガンのグーリンダイ　グーリンダイのポンポコピーのポンポコナーの　長久命の長助

ほかにも，長寿を表す表現に表4.6のようなものがある．

表4.6　長寿を表すことば

61歳	還暦	60年で生まれた年の干支に還（かえ）ることから．
70歳	古稀	杜甫の曲江詩中の「人生七十古来稀」から．
77歳	喜寿	「喜」の草書体が「七十七」にみえることから．
80歳	傘寿	「傘」の略字が「八十」と読めることから
88歳	米寿	「米」の字を分解すると「八十八」となることから．
90歳	卒寿	「卒」の略字が「九」と「十」からなることから．
99歳	白寿	「百」から横棒の「一」をとると「白」となることから．

4.9.5　忌　　詞

縁起の悪いことばを口にしないようにして，別のことばで言い表すことがある．これを忌詞という[注20]．たとえば，宴会などが終わる際に「終わる」を使わず「お開きにする」という場合がある．結婚式では「切れる・終わる・重ね重ね」などを，開店や新築の際には「閉じる・燃える・つぶれる」などのことばを使用しないように配慮することもある．また，日常の生活のなかでも「すり鉢」を「あたり鉢」（商家などで用いられた），「梨」を「有りの実」ということがある．

　数字の「四」が「死」，「九」が「苦」を連想させるため，それらを用いないようにするという考え方もこれに類するものである[注21]．たとえば，中世に来日した西洋人が著した日本語文法書には「四」の扱いについて次のように記されている（図4.11）．

(注20)　口にすることを慎しむことば自体をさすことも，また言い換えたことばをさすこともある．
(注21)　外資系ホテルなどでのとらえ方，また各国での意識なども興味深い．

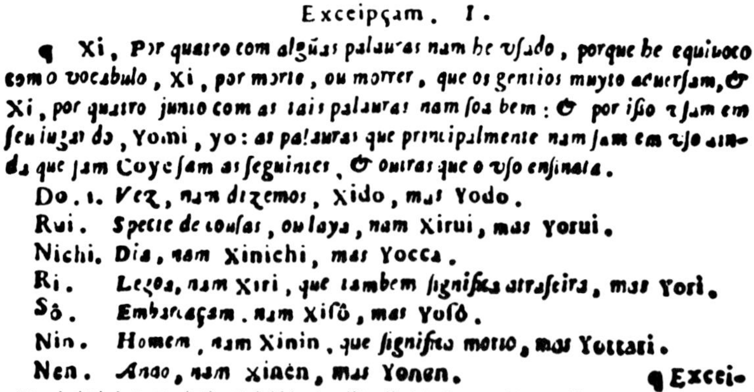

```
Exceipçam. 1.
¶ Xi, Por quatro com algũas palauras nam he vſado, porque he equiuoco
como o vocabulo, Xi, por morte, ou morrer, que os gentios muyto acuerſam, &
Xi, por quatro junto com as tais palauras nam ſoa bem: & por iſſo 7 Jam em
ſeu lugar do, Yomi, yo: as palauras que principalmente nam Jam em vſo ain-
da que Jam Coyeſam as ſeguintes, & outras que o vſo enſinara.
Do. 1. Vez, nam dizemos, Xido, mas Yodo.
Rui. Specie de couſas, ou laya, nam Xirui, mas Yorui.
Nichi. Dia, nam Xinichi, mas Yocca.
Ri. Legoa, nam Xiri, que tambem ſignifica atraſeira, mas Yori.
Sŏ. Embaraçam, nam Xiſŏ, mas Yoſŏ.
Nin. Homem, nam Xinin, que ſignifica morto, mas Yottari.
Nen. Anno, nam Xinen, mas Yonen.                    ¶ Excei-
```

四つを意味するXi（四）は或語とは一緒に使はれない．それは死とか死ぬるとかを意味する Xi（死）の語と同音異義であって，異教徒は甚だしく嫌ひ，かかる語に接続した四つの意の Xi（四）はひびきがよくないからである（「四人」を「シニン」ではなく「よったり」とする例をはじめ種々ある）．

図4.11 I. ロドリゲスによる *Arte da Lingoa de Iapam*（『日本大文典』，1604〜1608）の「数名詞」（土井忠生訳注を用いる）．

＊演習4.9

基本課題

(I) 挨拶のことばは，どのような場面で，どのような言い方が用いられるのか整理してみよう．

(II) 特定の数字が避けられることがよくあるが，それはどのような場合か考えてみよう．

発展課題

縁起の悪いことばにはどのようなものがあるのか調べてみよう．

4.10 新語・流行語

4.10.1 新語・流行語とは

私たちの身の回りでは，日々新しい概念や事物を表すことばが生み出されている．新しくなくても，一般的ではなかったり，きわめて専門的であったり，ある集団でのみ用いられたりすることばがなにかをきっかけとして，幅広く知られ用

いられるようになる場合もある．このようなことばを**新語**という．

　また，社会や文化の流れ，著名人や芸能人の使用によって，多くの人びとが一時期盛んに用いることばを**流行語**という．流行語には新語も一部含まれるが，既存のことば(注22)を特定の用法・背景によって広く用いたものも多い．

　そのために，新語と流行語は密接に関係しながらも，どちらに比重が大きいかということがかかわる．また，流行語の特徴としては，時代が経過すると，多くのことばが定着しないまま次第に忘れ去られがちになるため，しばらく前の流行語の使用が滑稽な印象を与えてしまうこともある．

　新語・流行語というと，カタカナ語のイメージが強いが，近代までは，新しい事物や概念といったものを漢語による意訳によって吸収してきた（3.7.5項参照）．

　ほかにも「歌留多・瓦斯」など音訳のもの，「型録・倶楽部・混凝土」のように意訳と音訳の双方を兼ね備えたものもある．

　現代の新語・流行語については，メディア・若者ことば・方言とのかかわりが大きく影響している．

4.10.2　新語・流行語の特徴

　新語・流行語のそれぞれにはさまざまな背景があり，簡単に整理しきれないところがある．日常には用いられないようなことばが新しく現れるだけではなく，古くなったり，重い印象をもったり，手あかがついたりしたような既存のことばを外来語で言い換えることで，イメージや印象を変えることに成功したものもある．なかには，拍数を減らした略語で定着したものもある．

　　〔外来語〕デイ・ケア　　パンデミック　　ライフ・ライン
　　〔略語(注23)〕インフル（インフルエンザ）　　メタボ（メタボリック）　　アケオメ　コトヨロ！　　AKB48　　TNP（低燃費）
　　〔句〕いい質問ですねぇ　　ととのいました

「こども店長・草食男子」という既存の語基（「こども」+「店長」，「草食」+「男子」）をつなげることで生み出されたものや，「政権交代」「ぼやき」のように著名人や芸能人の使用によって既存の漢語や和語が脚光を浴びるケースもある．

(注22)　きわめて一般的な単語（「品格」「大食い」など）が流行語であるのかどうかは，その用法・背景を知らなければ判断できない．
(注23)　正確には縮約としてとらえるべきものも含めた．

最近6年間のユーキャン新語・流行語大賞をみると，漢語・和語・外来語だけでなく，混種語・造語・句も多い（表4.7）．

表4.7 近年の流行語

	第23回 2006年	第24回 2007年	第25回 2008年	第26回 2009年度	第27回 2010年	第28回 2011年
年間大賞	イナバウアー	(宮崎を)どげんかせんといかん	アラフォー	政権交代	ゲゲゲの	なでしこジャパン
トップテン	品格・エロカッコイイ（エロカワイイ）・格差社会・シンジラレナ～イ・たらこ（たらこ・たらこ）・脳トレ・ハンカチ王子・ミクシィ・メタボリックシンドローム（メタボ）	ハニカミ王子・(消えた)年金・そんなの関係ねぇ～・どんだけぇ～・鈍感力・食品偽装・ネットカフェ難民・大食い・猛暑日	グ～！・上野の413球・居酒屋タクシー・名ばかり管理職・埋蔵金・蟹工船・ゲリラ豪雨・後期高齢者・あなたとは違うんです	こども店長・事業仕分け・新型インフルエンザ・草食男子・脱官僚・派遣切り・ファストファッション・ぼやき・歴女（レキジョ）	いい質問ですねぇ・イクメン・AKB48・女子会・脱小沢・食べるラー油・とっといました・～なう・無縁社会	絆・スマホ・どじょう内閣・どや顔・帰宅難民・こだまでしょうか・3.11・風評被害・ラブ注入

（ユーキャン新語・流行語大賞，2006～2011年度より）

4.10.3 廃語・死語

新語・流行語が生み出されていく一方で，盛んに用いられたことばのなかにも，習慣・風俗，制度，文化・文明，事物などが変化したり消滅したりしたために用いられなくなったことば[注24]もある（例：赤紙，活動写真，七輪）．また，別のことばに移行することで用いられなくなるものもある（例：JR（国鉄），発展途上国（後進国），ホールスタッフ（給仕／ウェイター／ウェイトレス））．これらのことばの一部は，老人語（4.3.2項参照）や古語とも関係している．

また，J. C. ヘボン著『和英語林集成』(1867) では，'†'という記号で文書語と廃語（word used only in books or obsolete.）を示している（図4.12）．

[注24] 「死語」は，実際に使用されなくなった言語（例，シュメール語，古代エジプト語など）をさすこともある．

```
NEKO, ネコ, 猫, n. A cat.
NEKODA, ネコダ, n. A kind of coarse mat
    made of straw.
†NEKOMA, ネコマ, n. A cat.
```

図 4.12 『和英語林集成』の '†' の例

＊演習 4.10

基本課題

次の語はかつての流行語である．それぞれの語の意味，成立の背景を説明してみよう．
 (a) 新人類 (b) 窓際族 (c) アムラー (d) 中食(なかしょく)

発展課題

最近の新語・流行語をあげ，その語構成（語句の組み合わせ）を整理してみよう．また，この語の意味や背景について考えてみよう．

4.11　ことば遊び

4.11.1　ことば遊び

ことば遊びにはさまざまな種類があり，「いちご → ゴリラ → ラッパ →…」と続けるしりとりはなじみ深いものの一つである．古くは，掛詞や折句などをはじめ，文字によるもの，音声・音韻にかかわるもの，絵を用いるものなどがある．

日本語には，一つのことばを表すのに和語・漢語・外来語という語種の違いがあり，漢字・仮名・ローマ字という文字体系が複数ある．くわえて，拍数が少ないため同音異義が多いなど，さまざまなことば遊びを生み出しやすい面がある．

4.11.2　いろいろなことば遊び

しゃれは，同音や類音を用いて，ことばや文句をもじったり，掛けたりするもので，口合・地口・もじり・語呂とも称される．無駄口，無理問答のほか，聞き間違えのようなものも含まれる．

 年の若いのに白髪が見える（沖の暗いのに白帆が見える）

掘ったイモいじくるな（What tame is it now）
3838（みつばちみつばち）　山田養蜂場〈数字の語呂合わせ〉
おそれ入谷（いりや）の鬼子母神〈無駄口〉
一枚でも煎餅とはこれいかに，一つでも饅頭というがごとし〈無理問答〉

中世の**なぞなぞ**を集めた『御奈良院御撰何曽』には「母には二たびあひたれど父には一たびもあはず」の問いに，答えが「くちびる」とある．これは，当時の「母」のハの子音が両唇摩擦音［Φ］であったことを示すものである．

遊びことばには，しりとりのように意味のないことばを連続させたり，ことばを変形させたりする．

生麦生米生卵〈早口〉
しんぶんし　たけやぶやけた〈回文〉

また，古く中国から文字遊び（字謎）が伝わり，「出」を「山上又有山」，ククを「八十一」と書く類の戯書が『万葉集』にすでにみられる．また，「女」を「くノ一」，「只」を「ロハ」に分解した語もある．そのほか，数え歌や鞠つき歌，また「へのへのもへじ」などの絵書き歌なども伝統的なことば遊びである．

4.11.3　現代のことば遊び

【語呂合わせ】

平安京遷都を「794 ウグイス平安京」，5 の平方根を「富士山麓　オウム鳴く」，「総」の漢字を分解して「糸」「ハ」「ム」「心」などという語呂合わせは，いろいろな場面で用いられている．車のナンバーや電話番号（たとえば 4126（良い風呂））にもみられる．

【誤変換】

パソコンの文字入力をする際に，漢字仮名交じりに変換を行う．変換の精度はとても高くなっているが，同音異義語に変換されたり，各語の分割を誤ったりということもある．そして，このような誤変換を楽しむこともある．

5季ぶり快勝　→　ゴキブリ解消
今年から海外に住み始めました　→　今年から貝が胃に棲み始めました
　　　　　　　　　　　　（日本漢字能力検定協会 HP「変換ミスコンテスト」より）

【言い間違い】

言い間違い，聞き間違いはことば遊びとはいえないが，失笑されたりするだけ

ではなく，時として場を和やかにさせたりすることもある．また，「さんざ
か → さざんか」「あらたし → あたらし」のような音位転倒などによって生じた
言い方はなじみあるものである．

　　　櫃まぶし → 暇つぶし　　　ディズニーランド → ネズミーランド
　　　ジャポニカ学習帳 → ジャマイカ学習帳

＊演習 4.11

基本課題
(I) 数字の語呂合わせで，興味深い例をあげてみよう．
(II) かけことばで文をつくってみよう．

発展課題
ことば遊びの事例を，もっとあげてみよう．

4.12 敬　　　語

4.12.1 待遇表現

　日々，私たちは，相手・場面・話題に応じたことばの使い分けを行っている．
これを待遇表現といい，**敬語・普通語・軽卑語**に分類できる．**親愛語，尊大語**と
いった分類も可能である．
(1) 敬語：話し手や書き手が，聞き手や読み手，また話題の人物・物事を敬っ
　　ていう．相手との距離をとったり，改まったりすることともかかわる．
　　例）いらっしゃる，拝借する，お手紙
(2) 普通語：話し手や書き手と，聞き手や読み手，また話題の人物・物事とが
　　対等であることを表す．タメ口もこの一種である．
　　例）来る・行く，借りる，手紙
(3) 軽卑語：話し手や書き手が，聞き手や読み手，また話題の人物・物事を軽
　　んじ卑しめていう語．また，ぞんざいな表現をさす．卑罵語ともいう．
　　例）貴様，ぶん殴る，食いやがる，いぬころ
(4) 親愛語：おもに，乳幼児に対して，また，それにかかわる物事に用いる語．
　　例）ぼうや，おじょうちゃん，お人形さん

(5) 尊大語：話し手や書き手が，聞き手や読み手，また話題の人物・物事などに対して自身を上位に置いていう語．
  例）おれ様，教えてつかわす，くれてやる
このような異なる表現を，同一人物が状況に応じて使い分けている．

4.12.2 敬語を使う場面
聞き手や読み手，また話題にあがる人物・物事に対して，主に次のような理由によってことばを使い分けている．
(1) 相手の面目を保たせる
  ● 上下：年齢の上下，会社などでの地位や立場などの違い．
  ● 恩恵：客と店員というように，相手に恩恵を与えるのか，相手から受けるのかという違い．
(2) 改まる
  ● 親疎：相手と親しいのか，疎遠・初対面であるのか，また，距離を保ちたいのか否かという違い．品位を保つことにもかかわる．
  ● 内外：家族・学校・会社など，自分にとって内側の集団・組織であるのか，外側のそれであるのかという違い．公私の別を示すことにもなる．

4.12.3 敬語の分類
敬語は大きく次の5つに分類することができる．
(1) **尊敬語**：相手や第三者の動作・状態，物事に用いて，主語にあたる動作をする人（為手(して)）を敬っていう語．「為手尊敬」ともいう．
(2) **謙譲語Ⅰ**：相手や第三者に向かってする動作・状態，物事に用いて，動作の向かう先（受け手）を敬っていう語．「受け手尊敬」ともいう．
(3) **謙譲語Ⅱ**：自分の動作・状態，物事に用いて，聞き手・読み手に対して敬意を表す語．
(4) **丁寧語**：聞き手・読み手に対して敬意を表す語．「聞き手尊敬」ともいう．
  例）「です」「(で)ございます」「ます」「(し)てください」など．なお，若者語に「〜っす」がみられる．
(5) **美化語**：物事を上品にいう（4.12.5項参照）．
これを，従来の3分類（尊敬語・謙譲語・丁寧語）および4分類（尊敬語・謙

譲語・丁寧語・美化語）と対応させると，表4.8のようになる．なお，上記の5分類はほかの分類と対立するものではない．

表4.8 敬語の分類

素材・対者	例	5分類	4分類	3分類
素材敬語（相手に配慮）	おっしゃる	尊敬語	尊敬語	尊敬語
	申し上げる	謙譲語Ⅰ	謙譲語	謙譲語
対者敬語（聞き手に配慮）	申す	謙譲語Ⅱ（丁重語）		
	です・ます	丁寧語	丁寧語	丁寧語
	お／ご	美化語	美化語	

4.12.4 置換型と添加型

ことばを特定の語に置き換えたり，つけ加えたりすることで，敬語となる．
(1) 置換型：個々の動詞を敬語動詞に置き換える（表4.9）．
　　いう・話す →〔尊敬語〕おっしゃる　〔謙譲語Ⅰ〕申し上げる
　　　　　　　〔謙譲語Ⅱ〕申す（使用する際「ます」を伴う）
(2) 添加型：前に「お・ご」をつけたり，後に「～（ら）れる」「～（さ）せていただく」などをつけたりする．
　　〔尊敬語〕お会いになる　　会われる
　　〔謙譲語Ⅰ〕ご連絡する　　ご連絡させていただく

表4.9 尊敬語，謙譲語Ⅰ，謙譲語Ⅱの動詞

普通語	尊敬語	謙譲語Ⅰ	謙譲語Ⅱ
行く	いらっしゃる，おいでになる，お越しになる	伺う	参る
来る		参る・参上する	
	お見えになる		
言う・話す	おっしゃる	申し上げる	申す
する・行う	される，なさる	させていただく	いたす
知る	ご存じ	存じ上げる	存じる
いる	いらっしゃる，おいでになる		おる
食べる・飲む	召し上がる	いただく，頂戴する	
見る	ご覧になる	拝見する	

置換型と添加型の両方の使用が可能な場合には，一般に置換型の敬意のほうが高くなる．また，敬語要素が多くなると，それに伴って敬意も高くなる．

4.12.5 接頭語と接尾語

接頭語の「お」「ご」は，尊敬語・謙譲語Ⅰ・美化語に用いることができる．
(1) 尊敬語：相手にかかわるもち物や相手の動作に「お／ご」をつけ加える．
　例）お名前・ご活躍
(2) 謙譲語Ⅰ：相手に渡す物や相手に向かってする動作に「お／ご」をつけ加える．
　例）お祝い，ご説明
(3) 美化語：自らの品位を保つ言い方．
　例）お箸，お財布

このため，「お伝え」のような言い方は上記三つの用法があることになる．
　〔尊敬語〕　　例）取引先からお伝えをいただく．
　〔謙譲語Ⅰ〕　例）弊社のお伝えを申し上げる．
　〔美化語〕　　例）広報紙に選挙のお伝えがあった．

また，どのようなことばに「お」をつけるかについて，平成17年度「国語に関する世論調査」の結果が示されている（図4.13）．

「お菓子・お酒・お米・お皿・お弁当」が「お」をつけることが多く，「おくつした・おビール・おかばん・おソース・お紅茶」についてはほとんどつけないという結果となっている．また，男女差もある（4.3節参照）．「お」のつく，つかないについての傾向は次のようになる（柴田 (1957) の調査をもとにNHKの放送用語班がまとめたもの (1975) と田中・山下 (2009) による）．

① 外来語には「お」はつきにくい．例）ケチャップ
② 「お」で始まる語にはつきにくい．例）帯
③ 長い語にはつきにくい．例）新聞紙
④ 悪感情の語にはつきにくい．〔例外〕ばか，けち
⑤ 色，自然に関する語などにはつきにくい．例）緑，湖
⑥ 食事，心の動き，感情，体の働きに関する語などにはつきやすい．
⑦ 女性の日常生活であまり使わない語にはつきにくい．例）髭剃り

その他代表的なものとして，尊敬語には，ことばの前，呼称の後ろや前後につ

4.12 敬語

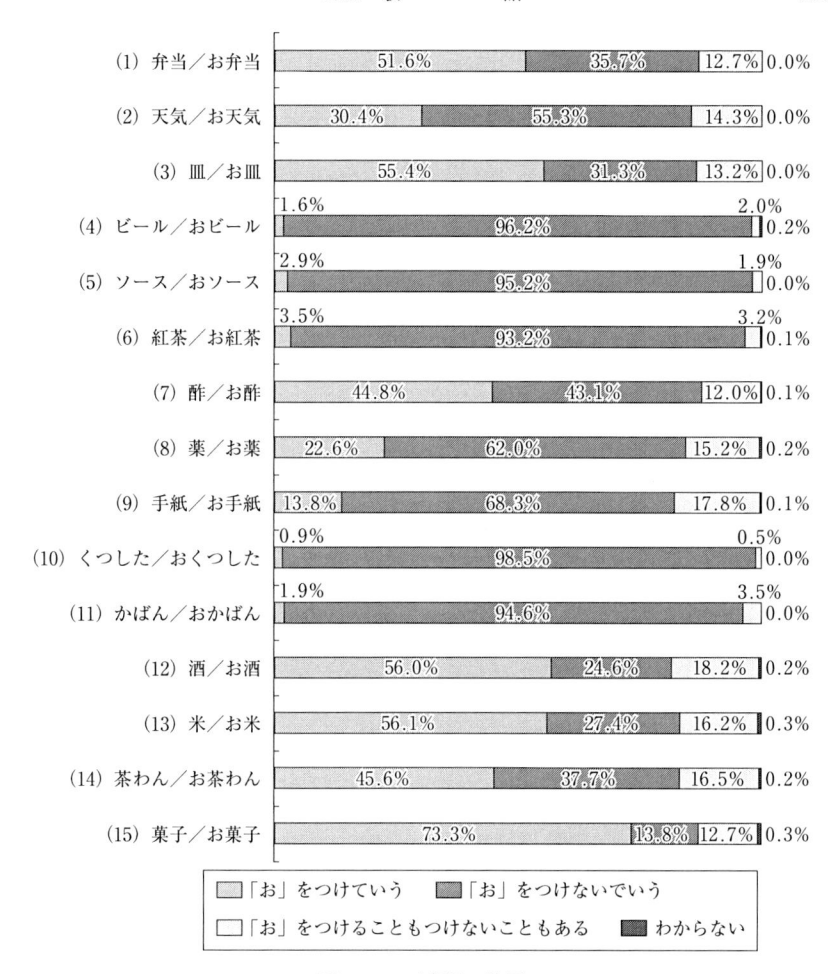

項目	「お」をつけていう	「お」をつけないでいう	「お」をつけることもつけないこともある	わからない
(1) 弁当／お弁当	51.6%	35.7%	12.7%	0.0%
(2) 天気／お天気	30.4%	55.3%	14.3%	0.0%
(3) 皿／お皿	55.4%	31.3%	13.2%	0.0%
(4) ビール／おビール	1.6%	96.2%	2.0%	0.2%
(5) ソース／おソース	2.9%	95.2%	1.9%	0.0%
(6) 紅茶／お紅茶	3.5%	93.2%	3.2%	0.1%
(7) 酢／お酢	44.8%	43.1%	12.0%	0.1%
(8) 薬／お薬	22.6%	62.0%	15.2%	0.2%
(9) 手紙／お手紙	13.8%	68.3%	17.8%	0.1%
(10) くつした／おくつした	0.9%	98.5%	0.5%	0.0%
(11) かばん／おかばん	1.9%	94.6%	3.5%	0.0%
(12) 酒／お酒	56.0%	24.6%	18.2%	0.2%
(13) 米／お米	56.1%	27.4%	16.2%	0.3%
(14) 茶わん／お茶わん	45.6%	37.7%	16.5%	0.2%
(15) 菓子／お菓子	73.3%	13.8%	12.7%	0.3%

図 4.13 丁寧語の使用

け加えるものなどがある．

　例）貴校　玉稿　尊父　芳名　令嬢　鈴木様　田中さん　お客様

　また，謙譲語Ⅱについては，聞き手を意識してことばの前や後ろに語をつけ加える．

　例）愚妻　小社　寸志　拙宅　粗茶　豚児　薄謝　弊社　私ども

4.12.6 軽卑語の表現形式

軽卑語の表現形式は，基本的に敬語（4.12.4項参照）と同じである．
① 置換型：がき〈子供〉　ほざく・ぬかす〈いう〉　ずらかる〈逃げる〉
② 添加型：ど（どあほ）　ぶっ（ぶっ飛ばす）　め（あいつめ）　やがる（きやがる）

親しい関係では，「おめえ」「てめえ」などと距離を縮めるために軽卑語が用いられることもある．

「貴様」はもともと敬語であったが（図4.14），現在，軽卑語として用いられている．また，「飯（めし）」「腹（はら）」「食う」などは普通語であったが，時代が経つことでぞんざいな表現となった．以上のような現象を敬意逓（低）減の法則という．たとえば，丁寧あるいは上品な表現と，ふつうあるいはぞんざいな表現の二つをあげる，S. R. ブラウン著，"*Colloquial Japanse*"（1863，原文はローマ字表記のため漢字仮名交じりに改める）には，「私は魚を食べ飽きました」「私は魚を食い飽きた」（「会話例490」），「昼御飯の支度はもうよろしうございます」「昼飯の支度がもういい」（「会話例88」）などとみえる．

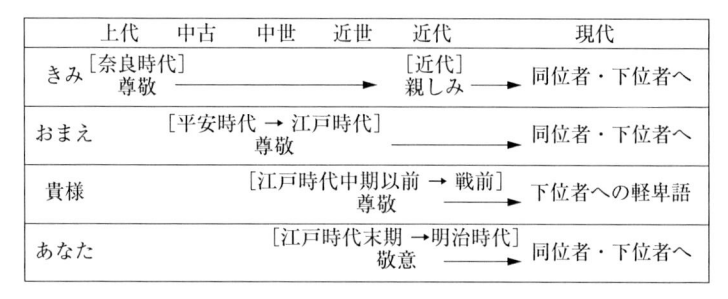

	上代	中古	中世	近世	近代	現代
きみ	[奈良時代] 尊敬 →				[近代] 親しみ →	同位者・下位者へ
おまえ		[平安時代 → 江戸時代] 尊敬			→	同位者・下位者へ
貴様			[江戸時代中期以前 → 戦前] 尊敬			下位者への軽卑語
あなた				[江戸時代末期 →明治時代] 敬意		同位者・下位者へ

図4.14 第二人称の変遷（沖森編，2010a）

4.12.7 ことばの与える印象

話をしたり，文章を書いたりするとき，相手・場面・話題に応じて，一部分の敬語だけが突出しないようにバランスをとることばを**改まり語**という．また，依頼や断りなどをする際，直接的にならないように，導入に用いることばを**クッションことば**ということがある．

(1) 改まり語
「ちょっとお待ちになってください」→「少々／少しお待ちになってください．」

例) こっち → こちら　　きょう → 本日　　すごく → 大変・とても　　うまい → おいしい

(2) クッションことば

「申し訳ございませんが，いましばらくお待ちになっていただけないでしょうか.」

例) おそれ入りますが　　よろしければ　　せっかくですが　　あいにくですが

＊演習 4.12

基本課題

(I) 次の普通語を敬語に言い換えてみよう．
    (a) 与える（私が相手に）　(b) くれる　(c) もらう　(d) 寝る
    (e) 訪問する　(f) 風邪をひく　(g) 着る　(h) 聞く　(i) 利用する

(II) 次の文から誤った敬語の用法を探し，その理由を考えてみよう．
    A 来週，担当者にお目にかかってくださいませんか．
    B 深夜の大音量はまわりの方がご迷惑いたします．
    C この商品は1個からご購入できます．

発展課題

敬語の用法が古典語からどのように変化してきたのか整理してみよう．

4.13 辞書

4.13.1 辞書とは

辞書とは，選択されたことばや文字を一定の基準に従って配列し，それぞれを見出し語として，表記・発音・文法などに関する情報を示し，説明を行い（語釈），使用例（用例・出典）をあげたものをさす．加えて，語種・語源・語誌・用法・関連語などを載せるものもある．辞書を辞典といったりもするが，辞書のことを改まって表現する際に用いられる．そして，辞典・事典・字典という表記もみかけるが，それらはそれぞれ次のような違いがある．

辞典：語句の意味内容や用法を記述したもの．コトバ典とも．
　例) 国語辞典・英和辞典
事典：事物や事柄を表す語について解説したもの．コト典とも．

例）百科事典

字典：漢字を一定の順序に従って並べて解説したもの．モジ典とも．
例）康熙字典

ほかにも，昨今のデジタル処理によって，紙媒体では考えられないような種類と分量をおさめた電子辞書がある．インターネット上では，ネットのなかで使用できる辞書だけではなく，紙媒体で刊行されているさまざまな辞書も扱えるようになってきている．さらには，複数の辞書や文献資料を用いて横断検索を行ったり，画像・音声・動画などを自在に参照できたりするものもある．

4.13.2　辞書の分類

辞書にはさまざまな種類がある．身ぢかなものでは，国語辞書や百科辞書，漢字を部首で引いたりする漢和辞書，古典作品を読み解く古語辞書，外国語の訳語や説明を記す対訳辞書，故事成語や諺，また文法など特定の分野のことばを対象とする辞書もある．ほかにも，類語を分類したり，外来語・専門語・流行語などを解説したりするもの，手紙の書き方や冠婚葬祭について説明するもの，文型などことばのつかい方に関するものなども編まれている（図 4.15）．

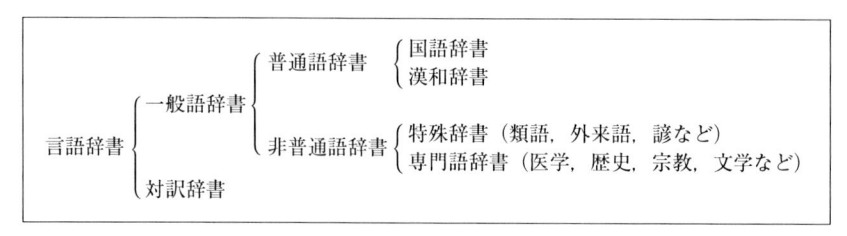

```
                        ┌ 普通語辞書 ┌ 国語辞書
            ┌ 一般語辞書 ┤            └ 漢和辞書
言語辞書 ┤              └ 非普通語辞書 ┌ 特殊辞書（類語，外来語，諺など）
            └ 対訳辞書                  └ 専門語辞書（医学，歴史，宗教，文学など）
```

図 4.15　辞書の分類（沖森（2008）をもとに作成）

4.13.3　見出し語

【見出し語の数】

収録語数の違いなど，辞書にはさまざまな大きさのものがある（表 4.10）．国語辞書を例にすると，もち運びにも便利で身ぢかなサイズの小型辞書から，『大辞林』『広辞苑』に代表される 1 冊からなる大きめの中型辞書，そして，図書館などでおもに使用するような複数冊からなる，専門的な要素を合わせもつ大型辞書というように分類できる．

4.13 辞書

表 4.10 国語辞書の見出し語数

辞書	見出し語数
大辞典（平凡社，1936）	75 万語
日本国語大辞典　第 2 版（小学館，2000）	50 万語
広辞苑　第 6 版（岩波書店，2007）	23 万語
大辞林　第 3 版（三省堂，2006）	23 万語
大辞泉（小学館，1998）	22 万語
新選国語辞典　第 9 版（小学館，2011）	9 万 320 語
旺文社国語辞典　第 10 版（旺文社，2005）	8 万 1500 語
三省堂国語辞典　第 6 版（三省堂，2008）	8 万語
新明解国語辞典　第 7 版（三省堂，2011）	7 万 7500 語
明鏡国語辞典　第 2 版（大修館書店，2010）	7 万 4000 語

【見出し語の語種の変化】

　語種の観点から近現代の国語辞書を比較すると，編集方針や収録語数の違いがあるものの，次第に外来語の占める割合が増えてきている（図 4.16）.

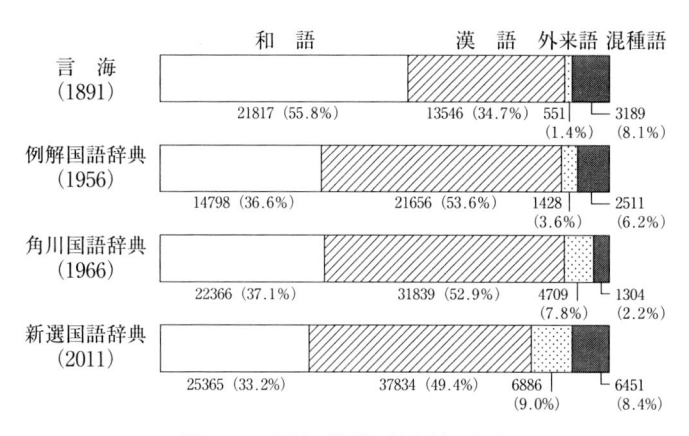

辞書	和語	漢語	外来語	混種語
言海（1891）	21817 (55.8%)	13546 (34.7%)	551 (1.4%)	3189 (8.1%)
例解国語辞典（1956）	14798 (36.6%)	21656 (53.6%)	1428 (3.6%)	2511 (6.2%)
角川国語辞典（1966）	22366 (37.1%)	31839 (52.9%)	4709 (7.8%)	1304 (2.2%)
新選国語辞典（2011）	25365 (33.2%)	37834 (49.4%)	6886 (9.0%)	6451 (8.4%)

図 4.16　和語・漢語・外来語の比率
林監修（1982）をもとに『新選国語辞典』の数値を組み込んで作成.

【語頭文字別の分布】

　日本語のことばはどのような音からはじまるか，辞書の見出し語の最初の文字を確認することで，ある程度の予測が立つ．それぞれの辞書の性格は異なるが[注25]，近世末に刊行された漢字表記辞書『雅俗幼学新書』（1855），和英・英和

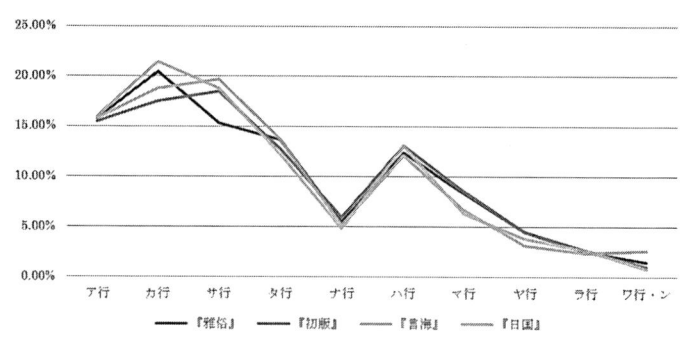

図 4.17 行別比率

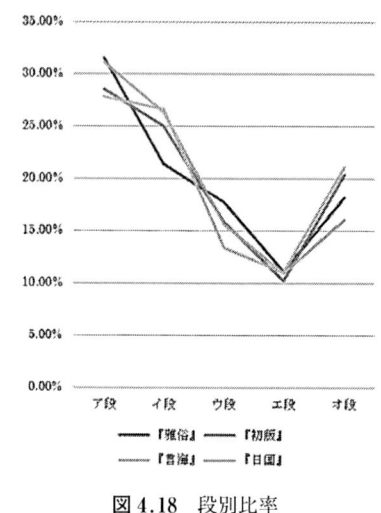

辞書『和英語林集成』(1867), 国語辞書『言海』(1891) と『日本国語大辞典』(1972-76) の四つ[注26]を調査した結果, 多く見出し語を収録する「行」は, ア行, カ行, サ行であった（ただし, 順は異なる. 図 4.17). なお, 語頭の文字別では, カとシがもっとも多い. 「段」については四書すべてが, ア段・イ段・オ段・ウ段・エ段の順である（図 4.18). また, 収録語数の真ん中にあたる部分は[注27]いずれの辞書もサ行の中後半（シまで, スまで, セまで）にあたる. このように, 四書は収録語数も大きく異なり[注28], 特性も違い, 時代を隔てているが, きわめて類似する結果となっている.

図 4.18 段別比率

(注25) それぞれの辞書の特性（たとえば,『言海』が古語を多く含む）があり, また語種の認定（『言海』ではサンスクリット語起源のことばを外来語にする）にも異なりがあることを含む必要がある.
(注26) 林監修 (1982) と木村 (2010) による. なお, 歴史的仮名づかいと表音的仮名づかいの混同があるために, 数値は厳密に精査しなければならない面がある.
(注27) イロハ順, ローマ字順, 五十音と異なるが, 五十音に統一した.
(注28) 『雅俗幼学新書』の収録語数比を 1.00 とすると,『和英語林集成』が 0.55,『言海』が 1.03,『日本国語大辞典』が 11.50 となる.

4.13.4 国語辞書の語釈

大型国語辞書と小型国語辞書に収録される見出し語の数は大きく異なる．しかし，語釈の内容については辞書の大小は関係なく，同じことばの語釈を比較することで確認することができる．小型辞書は改訂も頻繁に行われるものが多く，意味の変化，新語，外来語への対応も迅速である．

また，一つのことばには，本来の意味である原義，それから派生した転義がある．これら意味記述（語釈）の順序については，それぞれの基準によって示し方に工夫がなされている．一つは原義から現代一般に用いられる意味へと歴史的な変化に基づく記述のしかたである．

『大辞林』と『広辞苑』を比較してみると，『大辞林』は現代語での使用を考慮した記述（注 29）であり，『広辞苑』は歴史的な流れに沿っている（図 4.19）．

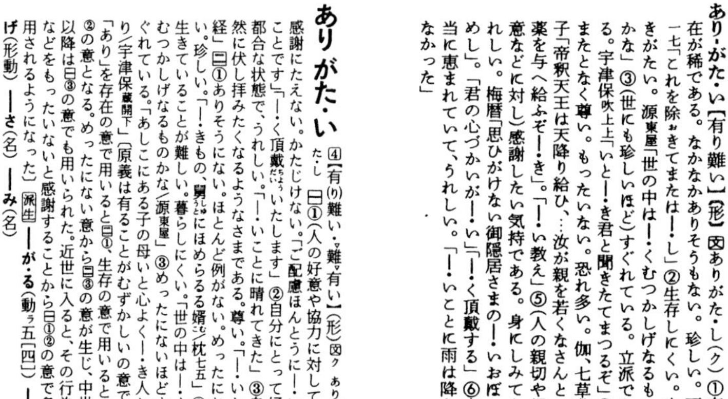

ありがた・い ④【有り難い・難有い】（形）文ク ありがた・し ㊀①（人の好意や協力に対して）感謝にたえない。かたじけない。「ご配慮ほんとうに—・いことです」「—・く頂戴[ちょうだい]いたします」②自分にとって好都合な状態で，うれしい。「—・いことに晴れてきた」③自然に伏し拝みたくなるようなさまである。尊い。「—・いお経」㊁①ありそうにない。ほとんど例がない。めったにない。珍しい。「—・きもの，舅[しゅうと]にほめらるる婿[むこ]／枕七五」②生きていることが難しい。暮らしにくい。「世の中は—・くむつかしげなるものかな／源東屋」③めったにないほどすぐれている。「あしこにある子の母いと心よく—・き人なり／宇津保蔵開下」〔原義は有ることがむずかしいの意で，「あり」を存在の意で用いると㊁①，生存の意で用いると㊁②の意となる。めったにない意から㊁③の意が生じ，中世以降は㊁③の意でも用いられた。近世に入ると，その行為などをもったいないと感謝することから㊁①②の意で多用されるようになった〕 派生 —が・る（動ラ五［四］）—げ（形動）—さ（名）—み（名）

あり・がた・い【有り難い】【形】文ありがた・し（ク）①存在が稀である。なかなかありそうもない。珍しい。万一七「これを除[お]きてまたは—・し」②生存しにくい。生きがたい。源東屋「世の中は—・くむつかしげなるものかな」③（世にも珍しいほど）すぐれている。立派である。宇津保吹上上「いと—・き君と聞きたてまつるぞ」④またとなく尊い。もったいない。恐れ多い。伽，七草草子「帝釈天王は天降り給ひ，…汝が親を若くなさんとて薬を与へ給ふぞ—・き」。「—・い教え」⑤（人の親切や好意などに対し）感謝したい気持である。身にしみてうれしい。梅暦「思ひがけない御隠居さまの—・いおぼしめし」。「君の心づかいが—・い」「—・く頂戴する」⑥本当に恵まれていて，うれしい。「—・いことに雨は降らなかった」

図 4.19 『大辞林 第 3 版』（左）と『広辞苑 第 6 版』（右）の「ありがたい」の違い

＊演習 4.13

基本課題

複数の辞書で，同じ語がどう扱われているのか比較してみよう．

発展課題

(i) 辞書では類義語がどのように記述されているのか調べてみよう．

(ii) 使用語彙・理解語彙という観点から，辞書の収録語数と，収録される見出し語の性格を考えてみよう．

（注 29） 規模は小さいが『角川国語中辞典』（1973）が先行している（石山，2004）．

参 考 文 献

浅野敏彦（1981）「退屈の語史」『大阪成蹊女子短期大学研究紀要』18.
安部清哉（2003）「関東における日本語方言境界線から見た河川地形名の重層とその背景」『国語学』54（3）.
有坂秀世（1931）「國語にあらはれる一種の母音交替について」『音聲の研究』4.
飯田朝子（2004）『数え方の辞典』小学館.
池田弥三郎編（1976）『ことば遊びと芸術』大修館書店.
石山茂利夫（2004）『国語辞典事件簿』草思社.
伊藤雅光（2002）「語彙の量的性格」（斎藤倫明編『語彙・意味』朝倉書店）.
稲垣進一（1988）『江戸の遊び絵』東京書籍.
井上史雄（1983）「東京付近の最近の方言変化」『東京外国語大学論集』33.
井上史雄（1998）『日本語ウォッチング』岩波新書.
岩崎均史（2003）『江戸の判じ絵―これを判じてごろうじろ』小学館.
岩立志津夫・小椋たみ子（2005）『よくわかる言語発達』ミネルヴァ書房.
岩波書店編集部編（2004）『フィールドワークは楽しい』岩波ジュニア新書.
上野智子（2004）『地名語彙の開く世界』和泉書院.
ウルマン, S.（1951）"The Principles of Semantics"（「意味論の諸原理」）. 山口秀夫訳, 1964 年『意味論』として紀伊国屋書店より刊行.
大西拓一郎（2008）『現代方言の世界』朝倉書店.
大野　晋（1974）『日本語をさかのぼる』岩波書店.
岡野信子（2005）『屋号語彙の開く世界』和泉書院.
沖森卓也編（2008）『図説日本の辞書』おうふう.
沖森卓也編（2010a）『日本語史概説』朝倉書店.
沖森卓也編（2010b）『日本語概説』朝倉書店.
沖森卓也ほか（2011）『図解日本の語彙』三省堂.
小栗左多里＆トニー・ラズロ（2010）『ダーリンの頭ン中』メディアファクトリー.
小野文豪ほか（2010）「現代日本人を対象とした色彩語彙の調査と分析」『日本色彩学会誌』34（1）.
小野正弘編（2007）『日本語オノマトペ辞典』小学館.
小野正弘（2009）『オノマトペがあるから日本語は楽しい』平凡社新書.
小野恭靖（1999）『ことば遊びの文学史』新典社.
鏡味明克（1982）「固有名詞」（佐藤喜代治編『語彙原論』明治書院）.
加治木美奈子（1996）『"日本語の乱れ"意識は止まらない』日本放送出版会.
片山朝雄（2007）「専門用語と新聞」『日本語学』16（2）.
鐘ケ江信光（1951）「中国語の語彙の性格」『東京外国語大学論集』1.
樺島忠夫（1955）「類別した品詞の比率に見られる規則性」『国語国文』250.
蒲谷　宏・川口義一・坂本　恵（1998）『敬語表現』大修館.

亀井　孝（1952）「柿本人麿訓詁異見―語の意味の歴史的再建の限界に対する反省として―」『国語と国文学』**27**（3）.
亀山　寛・長谷川哲子（2008）「日本語と英語の語彙における使用率とカバー率」『計量国語学』**26**（6）.
かりまたしげひさ（2002）「沖縄の季節とことば―夏を中心に―」『日本語学』**21**（10）.
狩俣繁久（2002）「琉球の方言」（北原保雄監修，江端義夫編『方言』朝倉書店）.
菊沢季生（1933）『国語位相論』明治書院.
菊地康人（1994）『敬語』角川書店（講談社学術文庫に採録）.
菊地康人（1996）『敬語再入門』丸善ライブラリー.
北原博雄（2007）「数詞」「助数詞」（飛田良文ほか編『日本語学研究事典』明治書院）.
木村　一（2010）「語頭文字別分布―幕末期の辞書との比較を通して―」『東洋通信』**47**（7）.
木村義之・小出美河子編（2000）『隠語大辞典』皓星社.
木村義之（2009）「隠語と新語」『日本語学』**28**（14）.
木村義之（2011）「発話の導入部の対人配慮について―明治・大正時代の謝罪・感謝系の表現を中心に―」（坂詰力治編『言語変化の分析と理論』おうふう）.
共同通信社（2011）『記者ハンドブック第12版　新聞用字用語集』共同通信社.
金水　敏（2003）『ヴァーチャル日本語　役割語の謎』岩波書店.
国広哲弥（1967）『構造的意味論』三省堂.
窪薗春夫（2002）『新語はこうしてつくられる』岩波書店.
倉島節尚（1995）『辞書は生きている―国語辞典の最前線―』ほるぷ出版.
『國文學:解釈と教材の研究』編集委員会（仮）（2003）「特集　あいさつことばとコミュニケーション」『国文学』**44**（6）.
国立国語研究所「外来語」委員会編（2006）『外来語言い換え手引き―分かりやすく伝える』ぎょうせい.
国立国語研究所編（1922）『談話語の実態』秀英出版.
国立国語研究所「病院の言葉」委員会編（2009）『病院の言葉を分かりやすく―工夫の提案』勁草書房.
国立国語研究所編（1955）『談話語の実態』秀英出版.
国立国語研究所編（1962）『現代雑誌90種の用語用字第1分冊』秀英出版.
国立国語研究所編（1963）『現代雑誌90種の用語用字第2分冊』秀英出版.
国立国語研究所編（1964）『現代雑誌90種の用語用字第3分冊』秀英出版.
国立国語研究所編（1964）『分類語彙表』国立国語研究所.
国立国語研究所編（1965）『類義語の研究』秀英出版.
国立国語研究所編（1970）『電子計算機による新聞の語彙調査』秀英出版.
国立国語研究所編（1971）『電子計算機による新聞の語彙調査2』秀英出版.
国立国語研究所編（1972）『電子計算機による新聞の語彙調査3』秀英出版.
国立国語研究所編（1973）『電子計算機による新聞の語彙調査4』秀英出版.
国立国語研究所編（1981）『専門語の諸問題』秀英出版.
国立国語研究所編（1983）『高校教科書の語彙調査1』秀英出版.

参 考 文 献

国立国語研究所編（1984）『高校教科書の語彙調査2』秀英出版.
国立国語研究所編（2002）『学校の中の敬語1―アンケート調査編―』三省堂.
国立国語研究所編（2003）『言葉の地域差―方言は今』国立国語研究所.
国立国語研究所編（2004）『分類語彙表 増補訂正版』大日本図書.
国立国語研究所編（2005）『現代雑誌の語彙調査：1994年発行70誌』国立国語研究所.
国立国語研究所編（2008）『私たちと敬語』ぎょうせい.
小林　隆（1983）「〈顔〉の語史」『国語学』132.
小林　隆・篠崎晃一編（2003）『ガイドブック方言研究』ひつじ書房.
小林　隆・篠崎晃一編（2010）『方言の発見―知られざる地域差を知る―』ひつじ書房.
小松英雄（2001）『日本語の歴史』笠間書院.
コリャード，D.（1632）『日本文典』.大塚高信訳，1957年風間書房より刊行.
阪倉篤義（1982）「語源―「神」の語源を中心に」（佐藤喜代治編『語彙原論』明治書院）.
阪本一郎（1955）『読みと作文の心理』牧書店.
阪本一郎（1958）『教育基本語彙』牧書店.
佐藤　稔（2007）『読みにくい名前はなぜ増えたか』吉川弘文館.
佐藤亮一（1982）「方言語彙の分布―「日本言語地図」に見る」（佐藤喜代治編『方言の語彙』明治書院）.
佐藤亮一監修（2002）『方言の地図帳―お国ことばを知る』小学館.
真田信治（1977）「基本語彙・基礎語彙」（宮島達夫ほか著『語彙と意味』岩波書店）.
真田信治（1978）「方言の園における語の創造」『月刊仏教保育カリキュラム』11（6）.
真田信治（2007）『方言は気持ちを伝える』岩波ジュニア新書.
真田治子（2002）『近代日本語における学術用語の成立と定着』絢文社.
真田ふみ（1976）『越中五箇山方言語彙5―天象・地象に関することば―』私家版.
さねとうけいしゅう（1973）『近代日中交渉史話』春秋社.
塩田雄大（2007）「テレビと専門用語」『日本語学』16（2）.
篠崎晃一・毎日新聞社編（2008）『出身地（イナカ）がわかる！気づかない方言』毎日新聞社.
芝　元一（1974）「現代語の人称代名詞について」『計量国語学』70.
柴田　武（1957）「「お」の付く語・付かない語」『言語生活』7.
柴田　武（1982）「現代語の語彙体系」（佐藤喜代治編『現代の語彙』明治書院）.
柴田　武・山田　進編（2002）『類語大辞典』講談社.
新聞用語懇談会放送分科会編（2003）『放送で気になる言葉〈改訂新版〉』日本新聞協会.
鈴木孝夫（1999）『ことばと文化私の言語学』岩波書店.
鈴木康之（2008）『名作コピーに学ぶ読ませる文章の書き方』日本経済新聞出版社.
ソシュール，F. de 著，小林英夫訳（1940）『一般言語学講義』岩波書店.
田中章夫（1978）『国語語彙論』明治書院.
田中章夫（2002a）『近代日本語の語彙と語法』東京堂出版.
田中章夫（2002b）「語彙研究の諸相」（斎藤倫明編『語彙・意味』朝倉書店）.
田中春美（1978）『言語学のすすめ』大修館書店.
田中浩史・山下洋子（2009）「放送で使われる敬語と視聴者の意識―平成20年度「ことばのゆれ」

全国調査から―」『放送研究と調査』6.
田中牧郎（2009）「〈患者中心の医療〉と新語―重要な新語の普及や定着を図る工夫」『日本語学』28（14）.
玉村文郎（1975）「日本人の連想と外国人の連想」『言語生活』280.
玉村文郎（1984）『語彙の研究と教育（上）』国立国語研究所.
玉村文郎（1987）『日本語の語彙・意味（2）』アルク.
玉村文郎（2002）「現代日本語の意味構造」（飛田良文・佐藤武義編『語彙』明治書院）.
築島　裕（1964）『国語学』東京大学出版会.
槌田満文（1988）「広告の言葉遊び雑感」『日本語学』7（4）.
土屋信一（1965）「話しことばの中の漢語」『言語生活』169.
土屋信一（2009）『江戸・東京語研究―共通語への道』勉誠出版.
寺村秀夫（1982）『日本語のシンタクスと意味2』くろしお出版.
東条　操（1954）『日本方言学』吉川弘文館.
中川　越（2010）『文豪たちの手紙の奥義』新潮文庫.
中野　洋（1976）「『星の王子さま』六か国版の語彙論的研究」『計量国語学』79.
中村芝鶴（1960）「舞台の上の言葉」『言語生活』104.
中山緑朗・飯田晴巳・陳　力衛・木村義之・木村　一編（2009）『みんなの日本語事典』明治書院.
西尾寅弥（1979）「同義語間の選択についての調査」『群馬大学教育学部紀要人文・社会科学編』29.
西尾寅弥（1972）『形容詞の意味・用法の記述的研究』秀英出版.
『日本語学』編集委員（仮）（1985）「特集　あいさつ言葉」『日本語学』4（8）.
『日本語学』編集委員（仮）（1989）「特集　きまりことば」『日本語学』8（2）.
『日本語学』編集委員（仮）（1989）「特集　専門語」『日本語学』8（4）.
『日本語学』編集委員（仮）（1997）「特集　専門用語」『日本語学』16（2）.
『日本語学』編集委員（仮）（2002）「特集　ことば遊び」『日本語学』11（12）.
『日本語学』編集委員（仮）（2008）「「敬語の指針」を考える」『日本語学』27（7）.
日本弁護士連合会裁判員制度実施本部法廷用語の日常語化に関するプロジェクトチーム編（2008）『やさしく読み解く裁判員のための法廷用語ハンドブック』三省堂.
丹羽基二（2006）『苗字と地名の由来事典』新人物往来社.
野村雅昭・小池清治編（1992）『日本語事典』東京堂出版.
野村雅昭（2002）『落語の言語学』平凡社ライブラリー435.
橋本進吉（1950）「古代国語の音韻に就いて」（橋本進吉『国語音韻の研究』岩波書店）.
林　　大（1957）「語彙」（岩淵悦太郎編『ことばの体系』筑摩書房）.
林　　大監修，宮島達夫・野村雅昭・江川　清・中野　洋・真田信治・佐竹秀雄編（1982）『図説日本語―グラフで見ることばの姿―』角川書店.
深川英雄・相沢秀一・伊藤徳三編（2005）『時代を映したキャッチフレーズ辞典』電通.
文化庁（1976）『言葉に関する問答集2〈「ことば」シリーズ5〉』.
文化庁（2006）『平成17年度　国語に関する世論調査　日本人の敬語意識』.

文化庁文化審議会（2007）『敬語の指針，文化審議会答申』.
文化庁文化部国語課（2006）『日本人の敬語意識』国立印刷局.
前田富祺・前田紀代子（1983）『幼児の語彙発達の研究』武蔵野書院.
前田富祺（1985）『国語語彙史研究』明治書院.
前田富祺（2002）「語彙史」（斎藤倫明編『語彙・意味』朝倉書店）.
松井栄一（1979）「『日本国語大辞典』収録項目分布表」『国語展望』臨時増刊.
松本　修（1996）『全国アホ・バカ分布考—はるかなる言葉の旅路—』新潮文庫.
宮島達夫（1958）「近代日本語における単語の問題」『言語生活』79.
宮島達夫（1967）「現代語いの形成」（国立国語研究所編『ことばの研究』秀英出版）.
宮島達夫（1971）『古典対照語い表』笠間書院.
宮島達夫編（1992）『古典対照語い表　3版』笠間書院.
宮島達夫（1977）「語彙の体系」（宮島達夫ほか著『語彙と意味』岩波書店）.
宮島達夫（1980）『意味分野と語種』国立国語研究所.
宮島達夫（1992）「言語研究におけるシソーラスの利用」『国立国語研究所　研究報告』**13**.
宮島達夫（1994）『語彙論研究』むぎ書房.
宮地敦子（1979）『身心語彙の史的研究』明治書院.
室山敏昭（1978）「漁業社会の「波」の語彙」『国文学攷』78.
最上勝也（2000）「放送用語の言い換えの系譜」『言語』29（10）.
森岡健二（1951）「義務教育修了者に対する語彙調査の試み」『国立国語研究所年報』2.
安田尚道（1993）「日本語数詞研究文献目録」『青山語文』23.
安田尚道（1996）「日本語数詞研究文献目録（2）」『青山語文』26.
柳田国男（1930）『蝸牛考』刀江書店.
柳田征司（2010）『方言の東西対立』武蔵野書院.
山口　翼編（2003）『日本語大シソーラス』大修館書店.
山口仲美（1988）「感覚・感情語彙の歴史」（森岡健二ほか編『語彙史』明治書院）.
山口仲美（2001）「広告表現の変遷」『日本語学』20（2）.
山口仲美（2002）『犬は「びよ」と鳴いていた』光文社新書.
山口仲美編（2003）『暮らしのことば擬音・擬態語辞典』講談社.
山口佳紀（1982）「語形・語構成」（佐藤喜代治編『語彙原論』明治書院）.
山本真吾監修（2008）『小学生のまんが敬語辞典』Gakken.
米川明彦（1996）『現代若者ことば考』丸善ライブラリー.
米川明彦（2000）「隠語による言い換え」『言語』29（10）.
米川明彦編（2001）『業界用語辞典』東京堂出版.
米川明彦（2002）「現代日本語の位相」『語彙』明治書院.
米川明彦（2009）『集団語の研究　上巻』東京堂出版.
ロドリゲス，I.（1604）『日本大文典』．土井忠生訳註，1955年三省堂より刊行.
渡辺信一郎（2000）『江戸の洒落　絵入りことば遊びを読む』東京堂出版.

索　　引

ア　行

挨拶　157
アイヌ語　29, 119
アクセント　14
　　——の型　14
　　——の滝　14
　　　複合名詞の——　15
　　　名詞の——　14
アクセント核　14
字（あざ）　86
頭高型　14
改まり語　170

言い換え　149
言い添え　150
言い間違い　164
イ音便　11
異化　98
意義特徴　19, 24
異形態　4
位相語　47, 125, 135
イタリア語　120
一致　23
異分析　92, 96
意味　19
　　——の移行　100
　　——の一般化　101
　　——の拡大　101
　　——の拡張　101
　　——の交替　100
　　——の三角図　17
　　——の縮小　101
　　——の転移　102
　　——の特殊化　101
意味関係　20, 47
忌詞　127, 159

意味変化　100
医療用語　152
『色葉字類抄』　118
隠語　3, 22, 145
インターネット・スラング　146
隠喩　102

ウ音便　11
うそ　18
ウルマン　17

英華辞典　117
英語　29
縁起　158

沖ことば　129
尾高型　14
オ段長音の開合　99
音の交替　78
オノマトペ　76
オランダ語　29
音韻　9
音韻的特徴　10, 11
音韻変化　99
音声　9
音素　9
温度感覚　72

カ　行

下位階層の多様化　82
下位語　47
階層関係　20, 23
『解体新書』　73
概念　1, 19
概念的意味　19
外部借用　94

外来語　25, 29, 47, 66, 106, 119, 151
　　——だけの音韻　12
　　——の語形のゆれ　13
　　　動植物の——　82
書きことば　3
格言　8
歌語　113
雅語　3
カバー率　44
かぶせ音素　14
漢音　28
感覚語彙　68, 112
漢語　25, 27, 74, 105, 114
　　——の字数　28
韓国語　77
感情語彙　68, 112
完全重複　93
漢文訓読語　113
漢文訓読体　104
慣用音　28
慣用句　8
関連語　47

擬音語　76
季語　155
記号　1
擬情語　76
擬人化　22
基数詞　55
擬声語　76
擬態語　76
気づかない方言　136
起伏式　14
基本語彙　43, 131
逆形成　97
逆成　35, 92, 97
逆行同化　98

キャッチ・コピー　153
旧国名　84
共感覚　102
共起制限　24
擬容語　76
共通関係　22
禁忌　103
金石文　110
近代漢語　132
近代語彙　129

クッションことば　170
屈折　7
屈折語尾　6
くり返し　78
廓ことば　126
訓読語　113

敬語　3, 165
形態素　3
軽卑語　165
形容詞の語構成　35
原義　100
言語記号　1
言語的な要因　99, 103
謙譲語Ⅰ　166
謙譲語Ⅱ　166
現代語彙　129
現代語の語種　30

語　1, 4
　　——の品詞性　37
語彙　2
語彙史　104
語彙的意味　1
語彙量　41
語彙論　2
口語　3
広告　152
合成　92
合成語　31, 93
交替　98

高頻度語　43
後部省略　95
呼応　23
呉音　28
語幹　7
語感　20
語基　6
語義　2
国際音声記号　9
語形　1
　　——のゆれ　13
語形交替　97
語形変化　97, 110
語源　89
語源学　89
語構成　31
　　形容詞の——　35
　　動詞の——　34
　　名詞の——　31
古語の残存率　107
語根　5, 7
語根創造　92
語史　90
語誌　90
語誌研究のフローチャート　91
故事成語　7
語釈　175
語種　25
　　現代語の——　30
語素　3
古代朝鮮語　26
『古典対照語い表』　107
語頭の濁音　12
異なり語数　41
ことば遊び　163
ことばの世界　16
諺　7
語尾　7
誤変換　164
語呂合わせ　164
混交　36, 92, 96
混種語　106, 123

混成　92, 96

サ　行

斎宮忌詞　127
サ変動詞　115
サンスクリット語　29

子音交替　99
字音　113
　　——の種類　28
字音語　25, 27
色彩語　64
死語　162
指示詞　58
指示代名詞　58
事実の世界　17
指示副詞　59
辞書　41, 171
氏姓　86
シソーラス　43, 50
十干十二支　83
自動詞　38
社会的な要因　103
借用　25, 92, 94
借用語　114
集団語　144
重箱読み　26
周辺の意味　19
熟語　32
　　——の構成　32
縮約　92, 94
順行同化　98
準畳語　93
上位・下位の関係　23
上位語　47
畳韻　34, 79, 93
使用語彙　42
上代特殊仮名づかい　90
冗談　18
商品名　153
省略　94

索引

省略語　94
所記　1
職業語　3, 22, 144
植物の名前　81
諸言語の品詞構成　46
序数詞　55
助数詞　56
女性語　3, 141
親愛語　165
新語　160
親族語彙　61
親族呼称　61
　　──の虚構的用法　64
身体語彙　73
新方言　137
心理的な要因　99, 103

数詞　55
数量詞　56

姓　86
　　──の地域性　87
成句　7
接辞　6
接頭語　6
接尾語　6
節用集　116
前後省略　95
前部省略　95
専門語　22, 147

造語　92
造語成分　3, 4, 115
相互同化　98
造語要素　3
双声　34
相対関係　23
相補関係　23
促音　9, 77
促音便　11
俗語　3
尊敬語　166

尊大語　166

タ　行

対義語　48
待遇　59
待遇表現　165
対照関係　20, 23
多義　22
多項省略　95
脱落　98
他動詞　38
タブー　103
単音　9
単音節語　110
単語　1, 4
単純語　31, 93
男性語　3, 141

置換型　167
地形　85
地勢　85
地名　83
中間省略　95
中国語　11, 113
長音　78
聴覚映像　1
朝鮮語　77, 119

丁寧語　166
低頻度語　43
手紙　158
敵性語　120
添加　98
添加型　167
転倒　98

ドイツ語　29, 120
唐音　28
等価関係　21
同義語　21
倒語　95

統合　20
東国語　126
東西の対立　137
動詞と形容詞の対応関係　39
動詞の語構成　34
動詞の対応関係　38
動植物の外来語　82
倒置　92, 95
動物の名前　81
都道府県名　83

ナ　行

内部借用　94
内包的意味　19
中高型　14

二重形　5
『日葡辞書』　117
日本語　10
『日本語大シソーラス』　53
ニュアンス　20
女房ことば　126
人称代名詞　58

ネオ方言　138

能記　1
延べ語数　41

ハ　行

廃語　162
ハ行転呼　99
派生語　31, 93
撥音　9, 77
撥音便　11
話しことば　3
反義関係　23
反対関係　20, 22
範列　20

比較言語学　5
美化語　166
引き音　9
引札　154
非特徴語　43
皮肉　18
卑罵語　165
被覆形　5
評価の下落　102
評価の上昇　102
品詞　2, 36, 71, 107

フェルディナン・ド・ソシュール　1
不完全重複　93
複合語　15, 31, 93
複合名詞のアクセント　15
普通語　3, 165
フランス語　29
文学作品のジャンル　106
文章語　3
文法的意味　1
分類語彙表　51

平板式　14
ペクトグラム　1

母音交替　5, 99
方言　3, 22, 136
方言周圏論　137
包摂関係　22
ポップ広告　154
ポルトガル語　29, 124
梵語　119
本数詞　55
翻訳漢語　132
翻訳語　46

マ　行

万葉仮名　115

見出し語　172
見出し語数　41
苗字　86

武者ことば　126
無性格語　43

名句　8
名言　8
名詞のアクセント　14
名詞の語構成　31
名数　57

木簡　110

ヤ　行

役割語　135
屋号　87
奴ことば　126
山ことば　128
やまとことば　113

融合　98
遊離数量詞　56
湯桶読み　26

拗音　12
洋語　106, 118, 124
用語　2
幼児語　3, 22, 142
拗長音　12

ラ　行

リ音　78
理解語彙　42
略語　94
略熟語　95
流行語　160

類義語　20, 47

『類語大辞典』　53
類似関係　20
類推　99
累積関係　23

歴史的な要因　103
連合　20
連辞　20, 23
連想関係　48
連体詞　40
連濁　4

老人語　3, 143
ロシア語　120
露出形　5

ワ　行

若者語　94, 143
若者ことば　3
和語　25, 26, 109
　——による合成語　111
　——による派生語　111
　——による複合語　111
　——の意味的特徴　27
　——の音節数　27
和製英語　122
和製外来語　29
和製漢語　46, 74, 117
和文語　113
和文体　104
『和名類聚抄』　117

編著者略歴

沖森卓也（おきもりたくや）

1952年　三重県に生まれる
1983年　東京大学大学院人文科学研究科
　　　　国語国文学専門課程修士課程修了
現　在　立教大学文学部教授
　　　　博士（文学）

日本語ライブラリー
語　と　語　彙

定価はカバーに表示

2012年5月30日　初版第1刷
2022年6月25日　　　第6刷

編著者　沖　森　卓　也
発行者　朝　倉　誠　造
発行所　株式会社　朝　倉　書　店

東京都新宿区新小川町6-29
郵便番号　162-8707
電　話　03(3260)0141
FAX　03(3260)0180
https://www.asakura.co.jp

〈検印省略〉

© 2012〈無断複写・転載を禁ず〉　新日本印刷・渡辺製本

ISBN 978-4-254-51528-2　C 3381　　Printed in Japan

JCOPY ＜出版者著作権管理機構 委託出版物＞

本書の無断複写は著作権法上での例外を除き禁じられています．複写される場合は，
そのつど事前に，出版者著作権管理機構（電話 03-5244-5088, FAX 03-5244-5089,
e-mail: info@jcopy.or.jp）の許諾を得てください．

好評の事典・辞典・ハンドブック

脳科学大事典	甘利俊一ほか 編 B5判 1032頁
視覚情報処理ハンドブック	日本視覚学会 編 B5判 676頁
形の科学百科事典	形の科学会 編 B5判 916頁
紙の文化事典	尾鍋史彦ほか 編 A5判 592頁
科学大博物館	橋本毅彦ほか 監訳 A5判 852頁
人間の許容限界事典	山崎昌廣ほか 編 B5判 1032頁
法則の辞典	山崎 昶 編著 A5判 504頁
オックスフォード科学辞典	山崎 昶 訳 B5判 936頁
カラー図説 理科の辞典	山崎 昶 編訳 A4変判 260頁
デザイン事典	日本デザイン学会 編 B5判 756頁
文化財科学の事典	馬淵久夫ほか 編 A5判 536頁
感情と思考の科学事典	北村英哉ほか 編 A5判 484頁
祭り・芸能・行事大辞典	小島美子ほか 監修 B5判 2228頁
言語の事典	中島平三 編 B5判 760頁
王朝文化辞典	山口明穂ほか 編 B5判 616頁
計量国語学事典	計量国語学会 編 A5判 448頁
現代心理学［理論］事典	中島義明 編 A5判 836頁
心理学総合事典	佐藤達也ほか 編 B5判 792頁
郷土史大辞典	歴史学会 編 B5判 1972頁
日本古代史事典	阿部 猛 編 A5判 768頁
日本中世史事典	阿部 猛ほか 編 A5判 920頁

価格・概要等は小社ホームページをご覧ください．